国家自然科学基金项目

"农地城市流转中失地农民多维福利变化及可行性能力构建研究(71403063)"

教育部人文社科项目

"公益性和非公益性土地征收失地农民社会经济福利变化测度及补偿政策(12YJC790144)"

广西大学中西部高校提升综合实力计划资助

NONGDI CHENGSHI LIUZHUAN ZHONG SHIDI NONGMIN
FULI WENTI YANJIU

农地城市流转中失地农民
福利问题研究

聂 鑫 著

人民出版社

自　序

2006 年，我有幸进入华中农业大学土地管理学院，在张安录教授门下攻读土地资源管理硕（博士）学位。老师对学问研究严谨，在土地学界享有很高声誉，科研方面对博士生要求严格。因此，入校伊始，我就开始考虑博士论文选题问题。恰逢城镇化进程中失地农民问题逐渐突出，于是有了本书的题目。论文在写作过程中得到了张安录教授的悉心指导，我们经常为研究思路讨论到深夜。拙著的出版是对老师辛苦付出的一点回报。

农地城市流转是人类社会发展过程中土地资源竞争配置的结果，也是城市化进程的必经之路。一方面，农地城市流转在满足城市土地需求的同时，促进了经济的发展和社会的进步。另一方面，无序的流转也带来了一系列不可逆转的生态和社会问题。由于土地用途改变而产生的巨额利益的再分配问题，引发了流转中不同利益群体福利状态的剧烈变化。其中，在农地城市流转中处于弱势地位的失地农民群体，其福利损失十分突出。因此，针对农地城市流转中失地农民福利的问题进行研究显得尤为必要。在我国城市化不断加速发展的前提下，可以肯定，在未来的较长的一段时间内，失地农民群体的数量将会急剧增加。若我们不对其福利的状态进行一个全面、规范和科学的测度分析，不提供有效的福利补偿的制度和政策保障，那么失地农民与非失地农民，失地农民与市民之间，以及其他流转主体之间的福利水平将会继续产生巨大的差异和隔阂，由此产生的不公平的问题，也将危及社会的稳定和发展。

在国外规范的福利研究分析是制定公共政策机制和检验改革效果的基

础。对于机制改革而言,好的机制设计追求的是达到社会的帕累托最优,其改进的难点不在于如何去完成这个制度,而是如何去确认主体的偏好。结合本研究,如何根据我国特定区域的经济社会发展水平,对失地农民群体的不同福利偏好,进行科学的分析和测度研究,对探索机制的优化方向有着积极的现实意义。鉴于此,本书主要尝试回答下列问题:①如何以福利经济学、公平正义为基础,联系我国农地城市流转中失地农民多维福利现状,构建一个科学的失地农民多维福利分析的框架和理论模型;②如何通过实证研究,验证和测度福利以及各个影响因素之间的相互关系;③探寻农地城市流转相关福利问题,制度改进和政策优化的方向。

为了实现上述目标,本书主要从以下四个部分进行研究:

导论至第二章是本书的理论基础。首先对本书涉及的福利经济学、公平正义理论以及农地城市流转的相关理论进行梳理和讨论。然后,在实地问卷调查和相关部门资料收集的基础上,获取大量失地农民相关的一手数据,从纵向和横向两个方面对失地农民多维福利状态进行比较分析,对失地农民的福利现状作出一个较为全面和清晰的认知。通过文献的阅读分析,选择阿玛蒂亚·森的可行性能力理论作为本研究的理论分析主体框架。结合调查认知,研究认为健康状态、居住状态、社会参与支持、工作状态以及补偿公平是影响失地农民多维福利状态的五个主要因素。随后,针对影响因素与福利之间,因素与因素之间的相关影响关系和路径提出假设,从而构建了系统而完整的失地农民多维福利影响因素的理论分析模型。

第三章和第四章是文章的实证环节。根据理论模型所要解决的问题,进行针对性的问卷设计,从问卷的内容、问卷的措辞、问题的顺序、选项的方式等方面进行考虑。此外,还对调查的目标群体、调查方式、抽样方式、样本量等问题进行实证设计。在大规模的调查之前,进行小规模预调查,发现并修改在问卷设计和调查考虑中没有考虑周全的地方,最后展开大规模调查获取原始调查数据。在获取原始数据之后,对原始数据和问卷进行数学上的处理,包括:剔除无效样本、构建更有代表性的新样本、重新定义变量、变量提纯处理、调查问卷的信度和效度分析以及样本正态分析等。最终得到精简的并且具有较高可信度和效度的失地农民多维福利影响因素调查问卷,为后续其他区域的实证调查研究打下良好的基础。随后,将数据代入到AMOS7.0中进行运算,经过2次模型修正,得到模型的最终结果。模型的结果显示:不考虑间接因素的影响各因素对于福利的影响大小依次为:补偿公平(0.50)、工作状态(0.47)、居住状态(0.11)、健康状态(0.03)和社会参与支持(0.00)。考虑间接和直接因素后的排序为:工作状态效果(0.705)、补偿公平(0.50)、居住状态(0.185)、社会参与支持(0.08)和健康状态(0.03)。

在第五章中,笔者在对现行机制分析的基础上,结合实证研究的结果,提出有针对性的补偿机制改革建议,特别是建议要根据失地农民的偏好拓展补偿的形式,强调进行公平的补偿是提高农民福利的有效途径。在本书的后面部分,对农地城市流转中的一些行为和优化政策进行模拟、解释和求解,通过数学和经济学分析的手段,证明所提出的政策改进的有效性和可行性。第六章为研究的结论、不足与展望。

拙著是在博士论文的基础上修改加工而成的,难免有疏漏与不足,恳请读者批评指正!

目　　录

导　　论

一、为何研究农地城市流转中失地农民福利问题

人类社会发展的历史轨迹表明,城市化是人类文明进步和经济社会发展的大趋势,农地城市流转是落后的农业国向现代化工业国转变的必经之路。这一流转的进程,一方面带来城市现代化的转变、土地市场价值的升值和社会财富的繁荣;另一方面,农地城市流转秩序的缺位,造成了经济外溢、环境外溢以及政治和法律外溢[①],威胁着城乡交错区域开敞空间的保护、水源的有效供给、天然生境的维护、粮食的安全[②],引发了一系列尖锐的社会

---

①　Coughlin,R.M., *Ideology, Public Opinion, & Welfare Policy: Attitudes Toward Taxes and Spending in Industrialized Societies*, Berkely: Institute of International Studies, University of California,1980,p. 195. Hanemann,M.J.Loomis, and B.Kanninen, "Statistical Efficiency of Double-Bounded Dichotomous Choice Contingent Valuation." *American Journal of Agricultural Economics*, Vol. 73,No. 4,January 1991. Dixit,A., and R.Pindyck. *Investment Under Uncertainty*. Princeton,NJ: Princeton University Press,1994,p. 476. Thomas,R.J.Fisher,M.J.Ayarza,M.A.,Sanz,J.I., *The Role of Forage Grasses and Legumes in Maintaining the Productivity of Acid Soils in Latin America*, Florida:CRC Press,1995,p. 420.

②　Bryant,C.R.L.H.Russwurm and A.G.McLellan, *The City's Countryside: Land and Its Management in the Rural-Urban Fringe*, London and New York:Longman Press,1982,p. 249;Furuseth, O.J, *Contested Countryside: The Rural – Urban Fringe in North America*, US:Ashgate,1999,p. 287; Daniel,J.P, "Estiating Spatially and Temporally Explicit Land Conversion Models Using Discrete Duration", *Department of Agricultural and Resource Economics*, Vol. 3,No. 15,May 2003.

问题。

从城市化发展的水平来看,世界范围的平均城市化水平已经超过50%,即有一半以上的人口居住在城市①。回顾全球主要发达国家的城市化水平从20%提高到40%的这个过程,英国、法国、德国和美国分别经历了120年、100年、80年和40年,苏联和日本经历了30年,而中国仅用了22年。根据发达国家城市化的经验,当一个国家城市化水平处于30%—70%之间时,城市化水平加速发展。从1949年新中国成立到1978年改革开放前夕,中国的城市化水平从10.6%低速增加至17.92%,年平均增长率不足0.3%,城市化水平处于缓慢波动阶段。改革开放后20年间,城市化水平由原来的不足18%增长至36%,城市化水平增长了一倍,年平增速0.9%。国家统计局资料显示,截至2008年年底我国城镇人口数量为6.07亿人,城市化水平为45.68%。而在2009年中国城市化率已经达到46.6%,2010年突破50%,近十年的年均增速近1.4%,中国城市化进程呈加速态势。

城市化和工业化程度的提高,必然导致城市外缘的扩张,直接的反映就是大量耕地流转成为建设用地。据建设部有关专家的数据统计,1991年至2000年全国城市建设用地每年平均增加150多万亩,2001年在300万亩以上,2002年上升到500万亩左右。同期国土资源部全国土地利用现状调查数据显示,在1997—2000年期间,平均每年建设占用耕地为270多万亩;而在2001—2005年期间,该数量已增加至328万亩。1997年至2004年8年间,我国的耕地面积已经净减少了1.14亿亩。有关学者测算表明,我国城市化水平每提高1个百分点,城市建成区面积扩大153万亩,耕地减少615万亩(约相当于城市建成区面积的4倍)。1987年至2001年,全国非农建设占用耕地共3395万亩,初步估计,至少3400万农民因此完全失去土地或部分失去土地。我国在向联合国人类住区第二次大会提交的报告中提出,到2010年,我国城镇人口将达到6.3亿,城市化水平提高到45%左右。按照该报告,到2010年,我国城市化水平将增加9个百分点,也就是说,我国

---

① 数据来自2009年《中国统计年鉴》。

将会损失约 5535 万亩耕地,按照城市化水平 2020 年达到 50%,2050 年则达到 60%—70% 的目标。以目前全国人均耕地水平和现阶段每征用 1 亩耕地会产生 1.4 个失地农民计算①,未来 10 年全国将可能产生超过 7000 万—8000 万失地农民,失地农民的群体呈扩大趋势。

一个国家的工业化过程离不开原始资本的积累。在欧美发达国家的工业化进程中无不与"殖民地"、"圈地运动"紧密相关。我国实现工业原始资本积累的主要表现方式,就是"高积累、低消费"的模式。通过城市对农村的剥削、工业对农业的剥削,将农业当中创造出来的剩余和利润转移到工业部门。这种由农业产品对工业产品的剪刀差产生的巨额资金对支持中国的现代化建设起到了无法替代的作用②。党国英研究认为,从 1952 年到 2002 年期间农民向社会无偿贡献的土地收益为 51535 亿元,同时我国自实行土地补偿制度以来,累计支付不超过 1000 亿元的补偿金。根据有关资料,目前在城市建设征收农用地的过程中,征地收入的分配比例大致是:农民得 5%—10%,集体得 25%—30%,政府及其机构得 60%—70%③。诸培新对南京市的实证研究结果表明:从土地征收出让全过程来看,中央、省、市、农村集体和农民之间的受益分配关系为 1.55∶1.21∶56.33∶14.35∶26.41。失地农民不仅为经济发展注入了巨量的资金,并且成为低廉的劳动力资源的来源④。他们在自身福利受到巨大损失的同时,却为整个社会带来了显著的正外部效益,这成为社会公平的缺失。尤其是当经济发展速度放缓、失业率上升时,大批失地农民失去工作回到家乡成为"种地无田,上班无岗,低保无份,养老无钱"的"四无"之人。地方政府以及强势利益集团获取了农地城市流转产生的巨额增值收益,与失地农民征地补偿标准过低、安置政策不落实、福利水平下降的状

---

①　杨海龙等:《失地农民社会认同问题比较研究——以长春三类失地农民调查为例》,《经济与管理研究》2009 年第 9 期。

②　张正河等:《论农村生产要素的准城市化》,《农业经济问题》2001 年第 7 期。

③　党国英:《土地制度对农民的剥夺》,《中国改革》2005 年第 7 期。

④　诸培新:《农地非农化配置:公平、效率与公共福利——基于江苏省南京市的实证分析》,博士学位论文,南京农业大学,2006 年,第 102 页。

态形成了鲜明的对比,埋下了影响社会稳定的隐患。据统计,国家信访办从 2003 年到 2006 年接待的上访人数,有近 40%涉及征地拆迁,在住建部门这个比例更高达 70%到 80%。社会秩序无法保证、干群关系紧张、群众抵触征地等各种社会问题及矛盾凸显,影响着经济进步和社会的和谐发展。

一方面,社会的进步和经济的发展需要供给大量的耕地资源流转成为建设用地,这不可避免地导致一个新的社会群体——失地农民群体数量的急剧增加;另一方面,在农地流转为工矿、商服以及住宅用地的社会福利增值收益分配过程中,由于不同利益集团在博弈中所处地位的不同,加之相关法律制度和政策的缺失,强势利益集团获取了超额福利收益,而弱势的失地农民群体福利受到侵蚀,身份边缘化,社会福利分配处于一种不均衡的状态。这种强势利益集团和弱势利益群体对于增值福利的割裂不均,加剧了社会贫富阶层差距的扩大,引发了阶层之间的利益摩擦,危及社会的稳定与发展。

按照城市化发展经历的一般规律而言,在可预期的未来一段相当长的时期内,农地城市化流转的过程还将持续,并且保持较快速度增长,失地农民这一特殊社会群体的数量也将不可避免地扩大。因此如何根据中国经济发展的阶段和特征,在有限的资源禀赋约束下,以科学理论为指导,针对失地农民的福利获取能力,研究影响失地农民多维福利的因素,并加以量化测度,进而优化失地农民补偿的政策和制度,促进土地有序流转、社会和谐与稳定和经济可持续发展,是一个值得各级政府在实践和操作中以及经济理论界思考的重要课题。本书将在实地调查研究失地农民的生活福利现状和理论文献的回顾基础上,分析得到影响失地农民多维福利的理论模型,根据理论框架模型,设计问卷并对理论模型进行明确的实地调研以验证理论模型的可靠性,并进一步分析各个维度的福利对于失地农民总福利的影响程度并加以量化测度,进而提出有针对性的优化失地农民补偿机制的政策建议。

本书所要解决的关键问题是:

1.失地农民多维福利的变化方向与影响因素分析。

农地城市流转对于失地农民生活的福利造成哪些影响？流转前后，其福利在哪些维度上进行了改变？是如何变动的？失地农民对于现行征地补偿制度的意愿和态度如何？

2.构建一个系统而完整的失地农民多维福利分析的理论框架。

何种福利经济学分析框架是适合本书的理论分析框架？在这种框架下，如何联系我国农地城市流转的现状，确定失地农民多维福利的影响因素？这些因素是通过怎样的路径来对失地农民的福利进行影响的？因素与因素之间又是如何联系的？整体的理论模型如何表达？

3.构建有代表性的、可靠的衡量失地农民多维福利的调查量表。

如何针对理论模型来构建相应的调查问卷？问卷经过怎样的处理筛选得到有代表性的问题？最终问卷的信度和效度如何？是否有代表性？

4.通过实证研究，验证、测度福利以及各个影响因素之间的相互关系。

如何对调查得到的原始数据进行处理？针对模型的结果如何进行技术修正？最终的结果是否能检验理论模型？与他人的研究有何异同之处？

5.探寻农地城市流转福利补偿机制优化的方向和政策建议。

针对验证后的模型，分析哪些因素对于失地农民的福利起主要的影响作用，哪些发挥较次一级作用。如何在长期农地流转决策中保持社会总福利的最大化。在补偿资源一定的约束下，怎样进行最优的失地农民多维福利补偿。在上述研究的基础上提出农地城市流转社会总福利最大化以及失地农民多维福利补偿机制最优化的政策体系和制度。

本书研究的意义主要体现在以下几点：

1.在农地城市流转中，失地农民群体的福利问题，不仅仅是经济问题，更是重要的社会问题。

经济发展城市化、工业化进程，导致大量新的社会群体——失地人口在农地城市流转后处于一种被边缘化的境地。失地前后农民福利的严重受损引发了其对于社会的不满。因此研究这一巨大人群的福利问题对于维护社会的公平正义，保持社会稳定和保障经济可持续发展显得尤为重要。

2.通过规范的研究,为制定失地农民的补偿政策提供科学依据,提高现行补偿机制的效率。

现行补偿政策多为一次性货币补偿或者是保障性补偿,其补偿的内容和方式无法给予农民较高的满意度,补偿的效率低下。本书尝试通过规范的研究思路和方法手段,研究得到影响失地农民多维福利的因素并对影响程度加以量化测度。在保持经济发展,且不过分增加公共财政负担的前提下,高效合理地通过不同的补偿内容和方式,对失地农民的福利进行补偿优化。

3.利用福利经济学的分析手段,研究失地农民多维福利以及补偿等问题,具有重要理论和实际意义。

在国外可行性能力的方法以及对个体福利的测度的实证研究,提供了一个评估个人福利与评价社会安置的通用规范性框架,并被广泛地运用于政策的制定、社会改革的建议等方面[1],提供了一种对福利等构念[2]进行概念化的方法,在评估中发挥了积极的作用[3]。基于可行性能力理论的福利经济学研究在我国还处于新兴阶段,将其结合农地流转中的失地农民群体来研究具有理论和实际的双重意义。福利经济学的理论是伦理学和经济学的双重结合,在社会经济发展越来越提倡效率和公平兼顾的今天,对更加科学和规范地分析其他特定社会人群的福利情况,提供对应的政策分析建议也会起到一定的借鉴作用。

---

① Alkire, S., *Valuing Freedoms: Sen's Capability Approach and Poverty Reduction*, USA: Oxford University Press, 2005, p. 350. Zaidi, A. and T. Burchardt. "Comparing Incomes when Needs Differ: Equivalization for the Extra cost of Disability in the U.K", *Review of Income and Wealth*, Vol. 51, No. 1, March 2005. Qizilbash, Mozaffar, "Transitivity and Vaqueness", *Economics and Philosophy*, Vol. 21, No. 1, April 2005. Anand, P. and V.H. Martin, "Capabilities and Achievements: An Empirical Study", *The Journal of Socio-Economics*, Vol. 35, No. 2, April 2006. Kevin, O., "Recognizing Gender, Redistributing Labor", *Social Politics*, Vol. 9, No. 3, September 2002.

② 构念(construct),是脑海中浮现的影像或构想(ideas),是若干简单概念的组合。

③ Robeyns, I., "The Capability Approach in Practice", *The Journal of Political Philosophy*, Vol. 14, No. 3, August 2006.

二、农地城市流转问题研究综述

Williamson[①] 认为科学研究可以分为社会基础(Embeddedness)、正式的制度环境(Institutional Environment)、治理环境(Governance Structure)和资源配置(Resource Allocation)四个层次来进行研究[②]。为了尝试更好地总结和归纳相关研究的进展,笔者将依据这一层次划分对文献进行梳理,帮助清晰研究思路。其中第一层次也就是社会基础层面关注的是人类各种基本行为和道德准则,这些约束多是自发的和约定俗成的[③]。主要涉及宗教、文化等基础研究,研究比较抽象和空泛,相关文献也非常稀少,因此就不作专门的文献回顾,主要从另外三个层次来进行综述:第二层次正式的制度环境层次,主要介绍农地城市流转的制度环境。第三层次治理环境层次,集中回顾由于农地城市流转而建立的福利补偿机制。第四层次资源配置层次,追踪农地城市流转中相关主体的福利变化研究,遵循从粗到细,从开放到聚焦的顺序来进行综述。由于篇幅所限,也避免重复,部分外文文献综述在各章分别进行回顾,本章节主要对与本书相关的农地城市流转的研究成果进行概括性综述。

(一)农地城市流转的制度环境

农地的产权所有制和相关法律,构成了农地城市流转的制度环境。农地的产权制度的完善与否,将直接影响着农地资源利用的效率[④]。大多数

---

① Williamson O. E., "The New Institutional Economics: Taking Stock, Looking Ahead", *Journal of Economic Literature*, Vol. 38, No. 3, September 2000.

② 四层次包括:最基本层次——社会伦理风俗等,非正式的制度环境;第二层次——法律、法规、制度等,正式的制度环境;第三层次——机制制定、执行等,治理环境;第四层次——技术层面、效率最优,资源配置。

③ 谭荣:《农地非农化的效率:资源配置、治理结构与制度环境》,博士学位论文,南京农业大学,2008年,第57页。

④ Harold Demsetz, "Toward a Theory of Property Rights." *The American Economic Review*, Vol. 57, No. 2, May 1967.

西方发达国家实行的是土地私有制,产权界定清晰。在其较为完善的土地交易市场中①,权属分明,较少出现过度非农化等现象,农地资源配置效率较高②。而在我国由于特殊的农村集体土地产权所有制形式,使得我国农村集体土地的产权在某种程度上表现出"产权主体界定不明晰"③和"权利内容模糊"的现象④。董德坤认为"经济驱动力是农地转用的直接原因,而集体土地产权不明晰则是导致农地过量转用的重要原因"⑤。宋振湖指出"国家只是在名义上和法律上承认农村土地归农民集体所有,而事实上的'集体所有制'表现为无实质内容的空壳"⑥。康雄华认为土地使用权的非完整性状,导致了农村土地使用权在实际运用中的膨胀和扭曲,导致各种非法占地、出租、转让现象⑦。学者们的研究表明正是由于制度环境层面上,土地所有权主体的错位、缺位或虚位,产权关系的模糊,导致了下一层次中的农地流转市场混乱⑧、农地城市流转权利主体福利的不均衡⑨和失地农民权益被掠夺等状况⑩。针对所有制归属问题,不同学者提出了自己的看

---

① 土地交易市场还存在一个前提:符合当地土地利用规划的限制下,允许农地进行非农转换。

② 曲福田等:《农地非农化经济驱动机制的理论分析与实证研究》,《自然资源学报》2005 年第 2 期。

③ 刘翔宇:《试论我国农村集体土地所有权制度的重构》,《法制与社会》2009 年第 6 期。

④ 参见敖华:《明确农村土地所有权主体三题》,《中国流通经济》2008 年第 1 期;阳雪雅:《农村土地所有权主体的构建》,《湖北社会科学》2008 年第 5 期。

⑤ 董德坤等:《城乡结合部农地转用的驱动力分析——以唐山市城乡结合部为例》,《农村经济》2004 年第 6 期。

⑥ 宋振湖等:《农村土地产权制度分析》,《中国农村观察》2005 年第 3 期。

⑦ 康雄华等:《农村土地产权制度与有序流转研究》,中国农业出版社 2007 年版,第 84 页。

⑧ 余伟京等:《论农村集体土地所有权及农村国有土地使用权的虚位——农村土地资源可持续利用的产权基础理论探究》,中国环境资源法学研讨会论文,北京,2004 年,第 1236—1241 页;刘永湘等:《农村土地所有权价格与征地制度改革》,《中国软科学》2004 年第 4 期。

⑨ 彭开丽:《农地城市流转的社会福利效应》,博士学位论文,华中农业大学,2009 年,第 48 页。

⑩ 徐莉:《我国现行农村土地产权制度的缺陷》,《农村经济》2004 年第 11 期;税杰雄:《试析我国农村土地产权制度的缺陷》,《农村经济》2005 年第 9 期。

法。张德元认为土地应国有化,但赋予农民永佃权①,而有些学者则认为可以通过土地私有化解决目前土地权属的问题,完全的私有权可以减少贫富的分化,并且起到稳定地价、促进经济发展的作用。在现行制度底线②下李开国提出在保证社会发展所需土地的前提下,改进现行的农民集体所有建设用地使用权制度,建立农民集体建设用地使用权的交易市场③。

综上可以看出,学者们大多认同现行的土地所有制度、土地使用制度在农地城市流转的过程中,对于失地农民权益的侵害以及这一侵害需要被减轻和补偿是鲜有争议的。但对于如何防止这种侵害,还未有定论。

(二)农地城市流转的治理环境

设计正确的机制不仅可以提高和改善资源配置的效率,也能促进外部效益的内部化,实现福利的均衡状态。农地城市流转而引发的相关机制设计问题,一方面包括如何将农地提供的开敞景观、生态环境净化、粮食安全等功能内部化的转移机制④的设计⑤;另一方面,则是研究对农地城市流转产生的增值福利进行分配的机制,实现各个利益集团福利的均衡状态,这也正是本书在制度层面所关注的地方。由于文献数量众多且研究视野广阔,笔者将结合本书研究的内容,重点回顾失地农民的福利补偿问题的研究。

征地补偿的理论是给予失地农民多维福利补偿机制的核心,国内学术

---

① 张德元:《实行土地国有化,赋予农民永佃权》,香港中文大学中国研究中心讨论稿,北京,2004 年,第 52 页。

② 温铁军指出,现行农村土地产权改革的底线是不搞土地私有化。

③ 李开国:《我国农民集体所有建设用地使用权制度改进论》,《西南民族大学学报》2008 年第 3 期。

④ 国外实行得较多的有土地发展权转移(TDRs)、土地发展权征购(PDRs)、乡村景观资助计划(CSS)、农业环境资助政策(AEPs)等。这些机制对促进当地的生态保护、农田景观和栖息地以及农业的生产起到了积极的作用。

⑤ Drake, "The Non-market Value of Swedish Agricultural Landscape." *European Review of Agricultural Economics*, Vol. 19, No. 3, March 1992. Loomis, J., V. Raneker, and A. Seidl, "Potential Non-market Benefits of Agricultural Lands in Cobrado: A Review of the Literature Agricultural and Resource Policy Report", *Department of Agricultural and Resource Economics*, Vol. 39, No. 2, February 2000. Kaplowitz, M.P., "Planners, Experiences in Managing Growth using Transferable Development Rights(TDR) in the United States", *Land Use Policy*, Vol. 25, No. 3, July 2008.

界对于补偿的理论大体可以分为:以资源经济学为基础的农地市场价值(Market Value)和非市场价值(Non-market Value)补偿理论;以福利经济学为基础的土地功能补偿理论。资源经济学认为农地的价值包括市场价值和非市场价值,其中非市场价值是一个抽象的概念,它所衍生的经济价值多为无形且不容易被人们所察觉的环境效益和社会效用①。在对失地农民的土地进行补偿时,不仅仅需要考虑农地的市场价值②,还需要对农地的非市场价值进行补偿。由于农地非市场价值不存在交易的市场,所以必须通过非市场的办法来进行估算,具体包括条件估值法(Contingent Valuation Method,CVM)、旅行成本法(Travel Cost Method,TCM)、特征价值法(Hedonic Price Method,HPM)等③。对于土地功能补偿理论而言,国内学者认为中国的农地所承载的作用是十分特殊的,对于中国的农民来说,土地不仅有诸多生产性功能,还有着最低生活保障、养老保障、就业保障等多种保障功能④。基于此,针对失地农民的补偿应该侧重于各项保障的手段,从功能上满足失地农民的需求⑤。在国际上征地补偿的理论大体可归纳为三类:完全补偿(Complete Compensation)理论、适当补偿(Appropriate Compensation)理论和公正补偿(Just Compensation)理论。其中完全补偿多采用在发达国家,其补偿标准不仅是财产的直接和间接损失,更要求土地征收者所

① 王瑞雪:《关于社会保障价格法若干理论问题的思考——基于征地补偿测算方法的分析评价》,《调研世界》2008 年第 11 期。

② 市场价值测算方法包括收益还原法、成本逼近法、土壤潜力估价法等。

③ 蔡银莺等:《武汉市农地非市场价值评估》,《生态学报》2007 年第 2 期;王瑞雪:《关于社会保障价格法若干理论问题的思考——基于征地补偿测算方法的分析评价》,《调研世界》2008 年第 11 期。

④ 陈孟平:《制度创新在农业现代化中的作用》,《北京市农业管理干部学院学报》2001 年第 2 期;田传浩等:《农地制度、地权稳定性与农地使用权市场发育:理论与来自苏浙鲁的经验》,《经济研究》2004 年第 1 期;汪峰:《农地价值评估及其社会保障功能研究》,硕士学位论文,浙江大学,2001 年,第 56 页;赵锡斌等:《城市化进程中失地农民利益保障问题研究》,《中国软科学》2003 年第 8 期。

⑤ 彭慧蓉:《论土地社会保障职能及对农地流转的负面影响》,《经济师》2005 年第3 期。

得到的补偿,可以完全恢复其征地前的福利状态①。在美国,最高法院对征地补偿标准的确定通常依据公平的市场价值对财产所有者的损失进行评估②。公平的市场价值③是美国最重要和被普遍接受的估价方式。日本则采取适当补偿的原则,其《宪法》第 29 条规定:"私有财产在正当的补偿下可以用于公共目的",这就确定了补偿的公益性,但是其补偿的范围较广,主要包括产权损失、财产损失、失业损失和其他损失等,近似于完全的补偿。在发展中国家则较多使用的是适当补偿和公正补偿,其补偿较少考虑未来土地利润的损失④。

　　失地农民多维福利补偿的模式研究在国外很少涉及,关于补偿的原则标准的讨论主要是货币补偿的数额多少。而在我国对于失地农民补偿的模式存在多种不同的方案。其中,单一的货币补偿是实行最早、最广,也是受到指责最多的模式。赵继新认为,单一的货币补偿可以较为简单地解决补偿问题,利于政府开展工作⑤。但是其缺点也极其明显,这种补偿缺乏对农民的长久保障,农民坐吃山空后生活无着落,容易产生阻碍经济发展和社会稳定的问题⑥。因此,有些区域积极探索新的福利补偿模式,如广东南海地区的"土地股份合作制"安置模式⑦,山东德州货币补偿和留地补偿相结合

---

① 高进云等:《农地城市流转前后农户福利变化的模糊评价——基于森的可行能力理论》,《管理世界》2007 年第 6 期。

② Theodore J.Novak Brian W.Blaesser Thomas F.Geselbracht, *See Condemnation Property*:*Practice and Strategies for Winning Just Compensation*, New York:J.Wiley 1994, p. 421. 沈开举:《论行政补偿的标准》,《河南社会科学》2005 年第 1 期。

③ 公平市场价值可以被定义为:双方在无任何强迫下,经验丰富、信息灵通的买方愿意付给自愿出售其不动产(包括土地和建筑物等被认为是不动产一部分的其他附属物)的卖方的价格。

④ Blume, L.and D.L.Rubinfeld, "Compensation for Takings:An Economic Analysis", *California Law Review*, Vol. 72, No. 4, June 1984.

⑤ 赵继新:《失地农民补偿模式评价及机制研究》,《商业研究》2009 年第 12 期。

⑥ 谭荣:《农地非农化的效率:资源配置、治理结构与制度环境》,博士学位论文,南京农业大学,2008 年,第 34 页。

⑦ 马健:《南海模式:创新与困局——对南海土地股份合作发展状况的调查》,《农村工作通讯》2008 年第 17 期。

的物业补偿方式①,浙江嘉兴、宁波等地区的"土地换保障型"安置模式②,湖南咸嘉地区"留地安置和综合开发相结合"综合安置模式,安徽芜湖地区的"农村建设用地入市型"③安置模式,以及"政府+保险公司+农民"的"重庆模式"等④。这些安置模式结合自身区域发展的特点,丰富了失地农民补偿的途径。

农地城市流转中农地增值收益在不同利益群体之间的分配机制,决定了农地流转的效率和公平。由于农地产权的复杂性与模糊性,土地的增值收益的分配问题在学者中存在一定的分歧,主要存在三种理论:"涨价归公论"认为农地的增值是由于整个社会经济的发展而产生的,根据按劳分配与按生产要素分配相结合的原则,农民本身对于土地的增值没有贡献,因此农地的开发权利应该归于国家⑤。"涨价归农论"则认为应将农地城市流转的绝大部分增值收益归于原来农地所有者⑥。周诚提出"充分补偿剩余归公"理论,认为在充分补偿失地者的前提下,将剩余的增值部分用于支持农村建设并兼顾城镇建设⑦,这一理论综合考虑了失地农民、在耕农民以及中央政府三方的土地开发权,但在操作中如何定义充分补偿还存在诸多争议⑧。

---

① 孙海林:《西安市阎良区失地农民征地补偿安置问题研究》,硕士学位论文,西安建筑科技大学,2010 年,第 28 页。

② 张鹏:《土地征收下的土地价值及其实现形式:农地价值及产权主体补偿研究》,博士学位论文,华中农业大学,2008 年,第 116 页。

③ 赵奉军:《我国农村土地征用制度改革的三种模式》,《山东经济战略研究》2004 年第 9 期。

④ 莫于川:《宽容看待农村土地流转新模式探索》,《法制日报》2007 年 7 月 4 日。

⑤ 刘勇:《涨价归公的理论依据与政策评析——兼论我国土地增值税政策执行中的问题与对策》,《当代财经》2003 年第 2 期。

⑥ 刘正山:《涨价收益应该归谁?——与周诚先生再商榷》,《中国土地》2005 年第 8 期。

⑦ 周诚:《"涨价归公"还是"涨价归农"》,《中国改革》2006 年第 1 期;周诚:《农地转非自然增值公平分配论——由"涨价归公""涨价归私"到"私公兼顾"》,《经济动态》2006 年第 11 期;周诚:《我国农地转非自然增值分配的"私公兼顾"论》,《中国发展观察》2006 年第 9 期。

⑧ 杨雪等:《基于公平性的征地补偿方案研究》,《中国土地科学》2008 年第 3 期;臧俊梅等:《农地非农化中土地增值分配与失地农民权益保障研究——基于农地发展权视角的分析》,《农业经济问题》2008 年第 2 期。

从现有的研究可以得知,对于农地城市流转的补偿,既要考虑其市场价值,也要考虑其非市场价值。而采用完全补偿、适当补偿还是公正补偿,则要从我国国情以及征地的性质出发,补偿的方式也因切合农地城市流转区域的发展权特点,而农地城市流转中增值收益的分配尚未有定论,这亦是本书研究需要考虑的方面。

(三)农地城市流转的资源配置

经济学研究的目的是实现资源的有效配置,第四层次资源配置的研究是追寻边际效益的最优,因此相对于其他层次的研究,相关文献更新的频率最快,文献的数量也最多。农地城市流转的问题从20世纪90年代开始逐渐引起学界的关注,在此过程中如何实现不同群体的福利均衡和帕累托改进以及福利的量化测度是学者们关注的主要热点。

针对农地城市流转相关主体的福利变化研究,经历了从初始的注重定性研究,逐渐转变为重视福利变化的定量研究的过程。Coughlin认为农地城市流转存在的不确定性与不可逆性[1],会引发农民福利的损失[2]。Arrow和Fisher认为,如果土地所有者忽视开发所带来的后果,将会导致错误的流转决策,从而导致福利的损失[3]。随着人们对农地城市流转中福利变化问题认识的加深,以及对农地资源优化配置、社会福利优化的考虑,人们开始对农地城市流转引发的不同群体的福利变化进行定量的研究。美国土地经济学家 Muth 在《*Econometrica*》杂志上发表《经济变动与农地城市流转》一文[4],提出用计量模型的方法建立了农地城市流转的模型,为定量研究农地城市与经济福利变化之间的关系,作出了开创性的贡献。它假设在 Muth 平

---

① Coughlin, R. M., *Ideology, Public Opinion, & Welfare Policy: Attitudes Toward Taxes and Spending in Industrialized Societies*, Berkely: Institute of International Studies, University of California, 1980, p. 195.

② Rajan K. Gengaje, *Administration of Farmland Transfer in Urban Fringes: Lessons from Maharashtra*, India: Butterworth-Heinemann, 1992, p. 15.

③ Kenneth J. Arrow and Anthony C. Fisher, "Environmental Preservation, Uncertainty, and Irreversibility", *The Quarterly Journal of Economics*, Vol. 88, No. 2, May 1974.

④ Muth, J. F., "Rational Expectations and the Theory of Price Movements", *Econometrica*, Vol. 29, No. 3, July 1961.

原上,只存在一个中心城市,平原的其他地域属于乡村农地。而这个平原上农地城市流转的需求,只取决于住宅和粮食产品的需求弹性之间的关系。当边际效益最优时总经济福利最大化,农地发生流转。Lawrence 利用美国农业信托(AFT)提供的 1982—1997 年间 48 个州、30 万个土地利用数据,分析美国现行都市土地扩张性政策的影响,得出农地的非农化导致了不同区域内城市居民、郊区居民的生活成本、生活环境以及生活方式发生了改变,也导致了当地政府税收、公共财政的支出发生变化的结论①。James 以 Alabama 州 Madison 县为例,分析了当地农地转化为商业或者住宅用地,对该县社会总福利的影响,通过社区服务成本模型(Cost of Community Services,COCS)的研究发现,对当地社区而言,农地流转后的商业和工业活动所产生的福利收入不足以抵消农业发展的福利损失②。美国农地信托在 80 个地区的 COCS 模型研究显示,不同流转方式导致地方政府的福利以及服务成本也存在差异:农地转化为住宅用地的福利增加与成本比例最高,中位数为 $ 1:$ 1. 15;商业次之中位数是:$ 1:$ 0. 37,而农业的比例中位数 $ 1:$ 0. 29。国内的相关研究多集中在现行农地城市流转的制度对于不同群体福利的影响定性分析上。沈飞认为现行的土地征用制度,存在着"制度的壁垒",导致寻租行为的产生,并在流转的过程中造成了农村集体经济福利的损失,建议建立"竞争的市场"机制以改善农村集体经济福利③。高进云建立经济学的分析框架,分析农地城市流转导致各权利主体福利的变化,并求解社会福利最大化的充要条件,提出必须综合评估农地的经济效用、社会效用和生态效用并进行补偿,才能实现社会总福利的最优④。陈

---

① Lawrence,W.L.,*Rural Land Use Problems and Policy Options:Overview from a U.S.Perspective*,New York:Routledge,2005,p. 280.

② James,O.B.,"Dynamics of Land-use Change in North Alabama:Implications of New Residential Development",*Southern Agricultural Economics Association*,Vol. 4,No. 1,February 2007.

③ 沈飞等:《政府制度性寻租实证研究——以中国土地征用制度为例》,《中国土地科学》2004 年第 18 期。

④ 高进云等:《农地城市流转前后农户福利变化的模糊评价——基于森的可行能力理论》,《管理世界》2007 年第 6 期。

莹、聂鑫、张安录通过实地调研,通过对失地农民对于农地流转的认知分析认为,失地农民的福利水平较征地前有着较大程度的降低①。高进云、张安录运用模糊层次分析的方法,在森的可行性能力分析框架下,评估了失地农民在农地城市流转前后在各个功能指标上福利的变化尺度②。

　　我们在评判某群体或者是个体福利水平或变化问题时,常常需要选择一种测度的指标,对福利状态进行量化研究。除了传统的以消费者剩余和生产者剩余来测度经济福利的变化以外,专家学者们所开发的福利测度指标、方法不下二三十种。通过对相关文献的分析,大致有以下三类:1.以客观的单一的经济指标为基础的测度方法。代表性的有 Nordhaus 和 Tobin 在《增长理论过时了吗?》一文,提出的国民福利指标 MEW(Measure of Economic Welfare)。其核心思想是:福利和消费相关,而和生产不相关。Nordhaus 也将此称为净经济福利 NEW(Net Economic Welfare)③。Daly 和 Cobb 综合前面的理论成果,提出了以个人消费作为基点进行研究的可持续经济福利指标 ISEW(Index of Sustainable Economic Welfare)。这一指标体系涉及消费基础、污染治理、生产的抵御性支付、自然资本的损耗、社会公平5 个大类,包括个人消费支出、分配不均指数、特殊市场劳务的投入价值、消费耐用品流量的价值评估值等 19 个指标④。2.以主观的满意度、幸福度为思路的测度方法。在《描述日常生活体验的调查方法—日重现法(DRM)》一文中 Kahneman 提出在采用昨日重现法进行调查时,根据一定问题框架,引导被调查者回忆将前一日从事的活动写出,通过这些活动将昨天重现,以

---

① 陈莹等:《农地城市流转过程中农民的认知与福利变化分析——基于武汉市城乡结合部农户与村级问卷调查》,节能环保和谐发展中国科协年会论文,2007 年,第 25 页;聂鑫等:《农地非农化过程中农民福利变化实证研究——基于湖北仙桃的调查》,《国土资源科技管理》2008 年第 5 期。

② 高进云等:《农地城市流转前后农户福利变化的模糊评价——基于森的可行能力理论》,《管理世界》2007 年第 6 期。

③ Nordhaus,W.and James Tobin,*Is Growth Obsolete?* New York:Columbia University Press,1972,p. 80.

④ Daly,H.E.and J.B.Cobb,*For the Common Good:Redirecting the Economy toward Community,the Environment and a Sustainable Future*,Boston:Beacon Press,1989,p. 492.

唤醒记忆;然后要求被访者回答对每个活动的内心感受快乐和幸福的状态;并对这种状态进行评估的测评方法①。由于 DRM 的测度结论不能很好地进行个体之间的比较,Kahneman 和 Alan 在 DRM 的基础上提出了 U 指数测度方法,以补充说明 DRM 的测度结果②。U 指数给我们提供了一个测量社会幸福感重要特征的新兴手段,它通过计算人们在不愉快状态中度过的时间的百分比,把人们的情绪巧妙地转化为 0 和 1 之间的连续型数值,使其具有可比性,当 U 指数越大,主观幸福的感觉越差③。3.综合客观的数据和主观的态度,基于生活内容、自由权利等项目的测度方法。最有影响力的当属 1990 年联合国开发计划署 UNDP 以 Sen 的"人本主义"观点所编制的人类发展指数(Human Development Index,HDI),它被广泛用于测度和比较各国的相对人类发展水平。该指数由寿命(longevity)、知识(knowledge)、一个得体的生活水准(a decent standard of living)三方面进行反映。出生时的预期寿命反映卫生发展状况,成人识字率以及小学、中学和大学的综合毛入学率反映教育发展水平的受教育机会,人均 GDP 反映富裕程度。这三个方面对人类而言是最必要和最基础的,其代表指标可以很好地反映人类生活质量。HDI 介于 0 和 1 之间,数值越大,代表越好的人类发展水平④。

对于农地城市流转资源配置的研究在近年内有着长足的发展,其中对于农地城市流转相关主体的福利变化研究在国内外都呈现出定性分析向定量研究的发展,不论是在主观测度还是客观测度上,福利测度指标和方法的选取对于群体或是个体的特征都愈加重视,这一变化符合规范研究的发展态势。

---

① Kahneman,D.and A.B.,Krueger,"A Survey Method for Characterizing Daily Life Experience:the Day Reconstruction Method(DRM)",*Science*,Vol. 306,No. 5702,December 2004.

② Kahneman,D.and A.B.,Krueger,"Developments in the Measurement of Subjective Well-being",*Journal of Economic Perspectives*,Vol. 20,No. 1,November 2006.

③ 黄立青等:《国外有关主观幸福感影响因素的研究》,《国外社会科学》2005 年第 3 期。

④ 何强等:《福利测度方法的研究述评》,《财经问题研究》2009 年第 7 期。

综上所述,国内外学者在农地城市流转及不同主体福利变化、福利的测度方面进行了大量的探讨和研究。对已有文献的阅读、分析、评价研究的成果,有利于把握研究的动态,进一步理清研究的思路。综合分析上述文献可以发现,国内外学者研究的侧重点各有不同,国内学者的研究较多集中在农地产权制度的影响,而失地农民补偿模式的探讨、农地流转中收益的分配、农地城市流转中福利的定量分析和机制效率的优化分析还较为欠缺。国外学者对农地城市流转的分析则主要集中在如何通过机制的建立来保证农地城市流转中资源的优化配置、福利的均衡,以及社会的公平。强调通过实证和定量模型的研究来分析、验证机制的绩效,实现福利的改进。通过对比和总结,我们看到农地城市流转中福利,尤其是各个权利主体福利的研究还很少,还有进一步可以研究的地方:

1.失地农民多维福利分析的理论框架还未完善,各种因素对于失地福利状态的影响方式、路径尚不清晰。虽然有对失地农民、地方政府的福利变化、利益分割的研究,但至今还未有文献对失地农民的福利的影响因素、因素的影响路径等进行系统的实证研究,因而对于失地农民多维福利补偿的政策往往不够严谨,存在一定的随意性。

2.对于福利测度定量研究,较多集中在经济福利方面,对于非经济福利的定量则较少涉及。即使涉及非福利测度指标,也多是针对地区或者国家范围的研究,指标强调人的普遍共性而忽略了农地城市流转中失地农民多维福利的特性,指标存在一定的局限性,无法准确定量研究失地农民的福利状态。

3.补偿机制的建立多数考虑提高补偿的数量,缺乏机制补偿质量角度的研究。现行的福利补偿研究,多集中在应该给予失地农民哪些补偿,补偿数量的多少等方面,而对于补偿的机制是否有效以及如何确定机制的帕累托优化方向的研究较为鲜有,亟须进一步的探讨分析。

针对上述研究的缺失之处,本书尝试以农地城市流转中最大的群体——失地农民为切入点,运用森的可行性能力分析框架,结合公平正义理论构建失地农民多维福利分析的理论框架,完全考虑选取影响失地农民的福利影响因素、系统研究因素对福利影响的方式和路径并测度其对福利状态的影响程度,进而分析农地城市流转中存在的问题,优化并改进相关政策机制,为构建公平、有效的农地城市流转中失地农民补偿机制提供有所助益的思路。

三、本书的研究思路

本书从我国城市化、现代化进程中,大量农地流转成为工业、商服、交通用地,原有土地上农民失去赖以生存的土地这个大背景入手,包括对城市化过程的必然性和城市化速度的加快,由此引申出未来失地农民会持续、大量出现的问题,进而把关注的重点集中到失地农民的福利问题上,结合中国被征地农民失去土地后生活福利状态的实际情况,在森的可行性能力分析框架下结合公平正义以及农地城市流转相关理论,对失地农民在城市流转的过程中福利变化以及影响福利的因素等相关问题展开实证研究,包括如何确定影响失地农民多维福利的主要因素,如何设计一个具有效度和信度的调查问卷,以及如何选择有针对性的计量方法对福利进行量化。最后根据理论以及实证的结论,并运用数理经济学方法进行分析,考察如何优化相关政策制度,从而达到失地农民多维福利的改进。全书可以分为三大部分,三部分有着紧密的逻辑联系,第一部分是对于失地农民多维福利影响因素的理论分析,通过对文献以及相关理论的回顾选择适当的影响因素;第二部分,根据理论上的模型框架,进行实证问卷的设计,并根据调查数据对理论模型之间的关系进行检验和修正;第三部分则是研究的结论,并提出失地农民多维福利补偿机制的相关政策。

具体的研究思路如图 1 所示。

本书针对农地城市流转中失地农民的福利问题进行研究,研究的过程涉及福利经济学、资源经济学、计量经济学、公共经济理论、伦理学等多学科的交叉运用。所运用的主要研究方法大体归类如下:

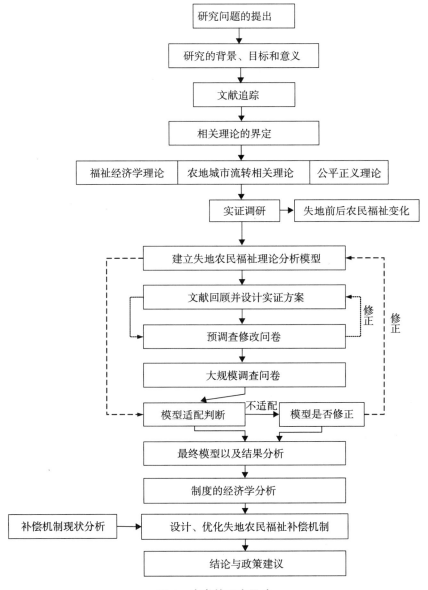

图1　本书的研究思路

1.文献分析的方法。

通过网络以及图书馆资料库对于研究涉及的关键词、关键字、同义词进行查询,收集下载国内外相关文献,并对前人在相关领域的研究进展和成果进行了评述。

2.实地调研收集相关数据的方法。

主要选取湖北省作为实证研究的区域,选取有代表性的城市,以实地调查面对面访谈填写问卷为获取被征地农民第一手资料,辅以相关部门、集体经济组织、乡镇政府的咨询与部分统计数据和资料的收集。通过两轮调研,加深对于研究内容和方向的认识。

3.规范分析和实证分析相结合的方法。

在研究中,通过规范研究方法分析影响我国失地农民多维福利的影响因素,并建立理论的模型,再通过实证分析,对选择的典型区域进行实地问卷调查,调查获取的数据通过统计方法的检验,来印证理论模型的正确性。在此基础上,对影响失地农民多维福利的因素进行量化测度,进而提出制度的改进措施和公共政策的建议。

4.定性研究分析和定量研究分析相结合的方法。

在研究中我们通过使用实地体验、开放型访谈、参与性和非参与性观察、文献分析、个案调查等方法,对农地城市流转中失地农民的问题有一个定性的认知。再通过定量的分析,对收集到的数据进行数理统计检验,验证定性分析的结论,最后在定量分析的基础上演绎得到更高层次的定性研究。

5.动态均衡分析与静态均衡分析相结合的方法。

本书的研究的目的是为了解决农地城市流转的过程中出现的社会问题,保持经济可持续的发展。因此不能割裂的仅就某一时点的农地城市流转对于社会总福利的影响进行分析,必须将其纳入一个长期动态的决策系统中去。但动态的分析是建立在静态分析的基础上,因此本书采取动态分析和静态分析相结合的方法来分析农地城市流转中社会总福利最大化以及失地农民最优补偿的问题。

学术界对于农地城市流转中农民的问题探讨较多,但较少从福利的角度来进行分析。由于对福利概念认知的不断深化与争论,加上对于福利主观感受和模糊边界测度方法上的缺陷,以及在农地城市流转中福利研究的特殊性,使得在该领域研究具有较大难度,但这也为本书的改进和创新留下了较多的空间。为此,本书在借鉴国外相关领域文献的基础上,结合我国失地农民情况的实地调查,运用土地资源经济学、福利经济学和公平正义等相关理论,系统围绕"如何建立影响失地农民多维福利分析的理论框架——如何验证理论模型,并量化失地农民多维福利影响大小——如何优化、制定相关制度"这三个步骤来展开研究。本书的可能改进与创新之处体现在以下几个方面:

1.试图构建一个系统而完整的失地农民多维福利分析的理论框架,并对其进行实证检验。近年来学界开始关注失地农民福利的问题,但是对失地农民福利的研究较为片面。研究重点较多集中在经济福利方面,对于非经济福利的研究尚未或较少纳入现有的体系中,且对于影响因素影响福利的路径尚未清晰,还未构建一个较为系统而完整的失地农民多维福利分析的理论框架(包括经济福利和非经济福利)。在本书的研究中一方面结合实地调查的感性认知,归纳分析了征地前后失地农民多维福利的变化状况;另一方面,通过文献整理,选择森的可行性能力分析框架对影响失地农民多维福利的因素进行选取完善了福利分析的范围,并系统地构建了福利与因素之间、因素与因素之间的理论模型。最后,通过实证调研数据,验证了整体理论模型的可靠性,为分析农地城市流转中失地农民多维福利的问题提供借鉴。

2.力图运用潜变量分析模型验证失地农民多维福利影响因素作用方式和作用路径,并定量测度不同的影响因素对于失地农民多维福利的影响程度。失地农民多维福利的状态受到多种维度因素的影响。其中包括自身福利影响,以及受到外部环境而对自身福利造成的影响等等,这些因素对失地农民的福利状态影响的程度大小和方式不一。就笔者所知的文献中,尚未有人针对失地农民的福利问题,定量分析和研究各种因素对于福利影响大小及其影响路径。本书测量并理清各种因素对于福利的贡献程度和方式,这为优化农民多维福利补偿制度提了较为准确且科学的依据。

3.尝试分析得到失地农民多维福利补偿及其机制优化方向。对于失地农民多维福利进行规范的分析,目的在于提供现行福利机制改革的方向。研究运用数理经济学方法,模拟农地城市流转中福利的分配、补偿行为,以农地城市流转中社会总福利以及农民个体福利的帕累托改进为目的建立分析模型,并求解得到方程的最优解。结合现行机制的问题,以及本书研究的结论,为政府制定合理的流转政策和福利均衡补偿政策提供决策参考。

第一章　研究理论和基础

本书研究的目的是构建一个系统而完整的失地农民多维福利分析的理论框架。这首先需要我们对福利经济学的相关理论和概念有着清晰的认知。弄清楚什么是福利,福利的量化有哪些方法,福利优化的标准是什么。理清这些知识点,有利于下文对于失地农民多维福利具体问题的研究。本书的切入点是农地城市流转中失地农民的福利问题,最终的目的是对现行的福利补偿机制进行优化,从而实现社会总福利的帕累托改进。研究是在农地城市流转的大背景下进行的,因此还需要对诸如农地城市流转的外部性、流转决策等理论进行了解。此外,本书还涉及对公平问题的讨论,包括公平的思想、不平等的测度等。所有这些理论的阐明,都将对后文的研究起到积极的指导意义。

第一节　福利经济学相关理论

从西方福利经济学作为一个独立的经济学体系的形成到如今,大体经过三个阶段:从马歇尔和庇古为代表的旧福利经济学时期[1],到以罗宾斯《论经济科学的性质和意义》[2]和希克斯的《价值与资本:经济理论的若干

---

[1]　阿瑟·塞西尔·庇古、阿尔弗雷德·马歇尔:《福利经济学》,伦敦麦克米兰公司1920年版,第12页。

[2]　[英]莱昂内尔·罗宾斯:《论经济科学的性质和意义》,朱泱译,商务印书馆2000年版,第33页。

基本原则之探究》①的出版为代表新福利经济学时期,再到阿罗不可能定理以后的福利经济学时期。西方福利经济学从产生到如今不过百年,但其间不同的学者对于福利经济学基本问题的争论却从未停息。作为研究的基础理论之一,我们首先需要对与本书相关的福利经济学中的概念和有争议性的议题进行梳理。

一、福利的基本定义

对福利(welfare)的定义,从来都是福利经济学的核心问题。随着福利经济学的发展,逐渐形成了功利或效用(utility)、偏好(preference)、快乐(hedonic)、幸福(happiness)、满意(satisfaction)、生活质量(quality of life)、功能(functionings)等一系列相近的概念②,各个时期不同的经济学家对福利的理解各持己见。旧福利经济学的开创者 Pigou 认为,"福利"其实质是一种意识状态,或意识的关系状态。一个人的福利寓于他自己的满足之中,可能源于物的占有。福利和利益从这个角度上来说是同一性质的,且有高低之分,大多情况下经济福利随着收入的增加而增加。因此,福利在定义上等同于"功利"或"效用"(Utility)是可以度量的,持有这种见解的还有 Mill、Edgeworth 等古典或新古典理论经济学家。新福利经济学的支持者们对此持否定的观点。他们认为不同人群中不存在收入的比较递减规律,并认为效用的概念是主观的、非基数的,对于福利比较只能进行排序而不能进行测度③。因此,福利的概念应用"偏好"来替代。Harsnyi 却对此表示怀疑,在他看来认为"知情偏好"(Informed Preferences)不等同于"实际偏好"(Actual Preferences)或者"福利"④。华裔经济学家 Ng 在" *Utility, Informed*

---

① [英]约翰·希克斯:《价值与资本:经济理论的若干基本原则之探究》,薛蕃康译,商务印书馆 1963 年版,第 15 页。

② Frank Ackerman, *Human Well-being and Economic Goals*, *Frontier Issues in Economic Thought*, Washington D.C.:Island Press, 1997, p. 317.

③ Arthur Cecil Pigou, *Wealth and Welfare*, London:Macmillan, 1912, p. 24.

④ Harsnyi J.C., "Utilities, Preferences, and Substantive Good", *Social Choice and Welfare*, Vol. 14, No. 1, July 1997.

Preference, or Happiness: Following Harsanyi's Argument to its Logical Conclusion"一文中对此进行了详细的研究,他认为至少存在三点理由来说明用"偏好"或者是"效用"来代替"福利"的方法并不总是好的:首先,由于对于个体的无知和不完全的预见,偏好和福利是不同的,事前与事后的福利也许恰恰相反①。其次,一个人的偏好不仅仅受他自己福利的影响,还受到替别人福利考虑的影响,一个人可能从他人的快乐中体会到快乐,而去做某些可能遭受损失的选择。最后,个人会有非理性的偏好。例如,一个人在排除以上两点的影响下,仍然在福利状态 A 优于状态 B 的情况下仍然选择 B 状态,那么这就是非理性的偏好②。鉴于此,黄有光对福利的定义为:个人福利(Individual Welfare)可以被看作是个人的 well-being,或者是个人的快乐(hedonic)、幸福(happiness),他认为这种快乐包括声色(sensual)的享受和痛苦,以及精神上的愉悦和折磨。简单来说有苦乐感受的个体的福利就是他的(净)快乐,是一个时间段总快乐减去总痛苦,是感受(affective feelings)的积分③。在新福利经济学陷入阿罗约不可能定理④的困境时,经济学家 Amartya Sen 提出了极具创新性的"可行性能力"的福利经济学分析框架解决了阿罗悖论,它的理论也重新开拓了人们对福利的认知⑤。森认为"个人福利"可以通过个人实际拥有的和可能拥有的功能来进行描述。他可以选择关注个人获得各种作为个人生活的一部分且具有价值的功能的实际能力作为评价福利的方法,方法的核心基础是个人的能力集。一个人的福利可以从其生存的质量(quality of life)上来进行判断。生命的活动可以看成一系列相互关联的生活内容(functioning),与生活内容密切相关的是实现生

---

① Yew-Kwang Ng, "Utility, Informed Preference, or Happiness: Following Harsanyi's Argument to its Logical Conclusion", *Social Choice and Welfare*, Vol. 16, No. 2, February 1999.

② Ramsey F. P., "A Mathematical Theory of Saving", *Economic Journal*, Vol. 38, No. 152, December 1928.

③ 黄有光:《黄有光自选集》,山西经济出版社 2006 年版,第 151 页。

④ 阿罗不可能定理证明,依靠简单多数的投票原则,要在各种个人偏好中选择出一个共同一致的顺序,是不可能的。

⑤ Amartya Sen, "Develoment: Which Way Now?", *The Economic Journal*, Vol. 93, No. 372, December 1983.

活内容的"能力",它反映了人类获取各种生活内容的不同组合。

不同学者对于"福利"的定义或者描述,反映了他们对于福利经济学内涵的理解。旧福利经济学将福利的定义等同于利益,将经济收入的增长等同于福利的增加。其对于福利的分析被局限于经济福利的范围,而对于非经济福利的分析视而不见。而对于新福利经济学而言,其强调个人福利的不可比,认为福利只能进行序数排列,使得对于福利的大小只能进行比较而不能进行精确度量。对于福利内涵及其反映出的序数和基数之争被森对于福利的创新性定义所打破。森的可行性能力分析框架不仅为福利经济学的发展注入了新的动力,也为福利大小、变化的度量提供了可操作性的支撑。

二、关于福利改进的标准

福利改进的标准,是比较两种社会或个体的福利状态哪种更为良好的关键,也是我们进行机制和政策评估时必不可少的判断标准。在福利内涵上的不同理解,也导致了新旧福利经济学在福利改进标准上的争议。以马歇尔和庇古为代表的"旧"福利经济学家们认为福利在人际存在可比性,并可以测量。考虑到收入的边际递减效益,福利的改进标准应该是向社会中最低收入阶层提供补偿,从而得到整个社会福利的改进。在其后关于经济学是否应该涉及价值判断的争议中,产生了旧福利经济学向新福利经济学的转变。其关键在于新福利经济学强调要避免基数效用的思想,帕累托福利判断标准正好满足这一"要求"。"新"福利经济学对于福利改进的标准主要为帕累托准则及其相关边际条件。在原始帕累托思想的基础上,希克斯用更为严谨和准确的语言将其重新阐述,也就是我们现在所熟知的帕累托标准(Pareto Criterion):"如果从一种社会状态到另一种社会状态的变化,使至少一个人的福利增加,而同时又没有使任何一个人的福利减少,那么,这种变化就是好的、可取的,人们所希望的。"[①]在 Pareto 的基础上,Kaldor 提出了一种可能的补偿"Kaldor 准则",他认为:"经济学家只用证明

---

① 姚明霞:《西方福利经济学理论》,博士学位论文,中国人民大学,2001 年,第 34 页。

当收益人能在受害人进行了完全的损失补偿后其他人的状态仍能够改善，那么这就是一种好的改进。"[1]次年，Hicks 发表论文赞同其观点，并提出了 Kaldor 的姐妹准则"Hicks 准则"，Hicks 指出，"如果受害者不能够在贿赂受益者来反对改革中获得收益，那么改革则能带来社会改进"[2]。在 Kaldor-Hicks 准则提出不久，Scitovsky 就发现了其矛盾之处，并用 Edgeworth 盒证明"Kaldor 准则可能会赞同某一社会变革，但相反的变革也能得到准则的支持"这一逻辑上的矛盾[3]。他提出只有当一种变革同时满足 Kaldor 和 Hicks 两种准则时，才能被认定是好的社会改进。Little 在综合以上三个准则的前提下，对福利改进的标准进行了补充，他认为将福利使用于实际改进的过程中，应该将分配的效益考虑在内，因此在"Little 准则"中加入了一个约束问题：再分配是否都是有益的？如果对问题的回答是肯定的，且满足 Kaldor-Hicks 准则和 Scitovsky 准则中的任意一个，那么改进将是有益的，反之改进将是无益的[4]。Ng 综合帕累托准则和 Kaldor 准则提出了一个"帕累托准则"：我们对人群按照收入水平进行分组（同组内大体富裕程度一致），如果一项变革使得同一组的受益者完全补偿了同组的受害者后，境况仍然得到改进，我们则认为这项变革是一个社会改进[5]。他认为，准帕累托准则和第三优理论（即在最优世界采用最优准则；在次优世界采用次优准则；在信息贫乏的情况下将最优准则运用于第三优世界）可以得到"一元即一元"的结论，这样可以任何情形中单纯地只关注效率问题，把公平问题留给转移支付

①　J.R.Hicks, "The Valuation of Social Income", *Economica* New Series, Vol. 7. No. 26, May 1940.

②　Kaldor N., "Welfare Propositions of Economics and Interpersonal Comparison of Utility", *Economic Journal*, Vol. 49, No. 195, September 1939.

③　Scitovsky T., "A Note on Welfare Propositions in Economics", *The Review of Economic Studies*, Vol. 11, No. 1, November 1941.

④　Little, L.M.D., *A Critique of Welfare Economics*, London: Oxford University Press, 1957, p. 74.

⑤　Ng, Y.K., "Towards a Theory of Third Best", *Public Finance*, Vol. 32, No. 1, January 1977.

政策①。

福利经济学尝试对不同的福利状态进行比较,并作出判断,但是到目前为止都没有一个完美无缺的判断标准。帕累托的标准存在致命的缺陷,就是在现实生活中完全帕累托改进是基本不存在的,或存在多种帕累托的改进。在此基础上,Kaldor、Hicks、Little、Scitovsky 通过不断提出苛刻的约束条件来细化和完善帕累托标准,但正是由于其严格的条件,使其应用性大打折扣。由于新福利经济学回避基数效用,只使用序数效用的先天缺陷,这些判断标准也无法对所有的社会状态进行完整的社会排序。并且学者们在这些福利改进的标准中只强调效率的改进,而对分配问题采取回避的态度,进一步局限了这些福利改进标准的实用性。虽然 Ng 提出第三优准则将公平分配的问题转给支付,但是对于福利改进中的效率与分配的关系问题仍然没有一个令人十分满意的答案。而森的可行性能力分析框架中提出的部分序数理论,为评价福利状态提出较为全面的思路,本书将在第三章节进行详细说明。

三、关于社会福利函数

确定社会福利函数是福利经济学的重要内容之一,它反映了福利经济学家认为的社会所要追寻的最终目标。社会福利函数的探讨起源于帕累托对于福利改进判断的标准。柏格森(A.Bergson)和萨缪尔森(P.Samuelson)1947 年提出著名伯格森—萨缪尔森社会福利函数(Bergson-Samuelson social welfare function)概念并不断完善,形成了最终的函数表达形式如下:

$$W(x) = F\{U_1(x), U_2(x), \cdots, U_m(x)\} \tag{1-1}$$

其中,W 是描述社会福利的一个序数性指数,U_i 是用以表达第 i 个人的给定偏好的一个序数性指数($i=1,2,3,\cdots,m$; $m \geqslant 2$),x 是给定社会备

---

① Ng,Y.K.,"Quasi-Pareto Social improvements",*American Economic Review*,Vol.74,No.5,December 1984.

选状态集合中的任一元素。W 和 U_i 都是序数性指数,对任意单调递增的变化为唯一,U_i 的变化会导致 W 的形式改变,保持原有社会排序。Bergson-Samuelson 社会福利函数的特点是不具有任何固定的函数形式。针对其过于概念化,缺乏具体形式的缺点,阿罗(Kenneth J.Arrow)对是否可以具体化伯格森—萨缪尔森社会福利函数进行研究,进而提出了 Arrow 社会福利函数[①]。这一函数是指由定义在社会状态集合 X 上的个人偏好排序 R_i 确定社会排序 R 的某种社会决策规则,即 $R = \{f(R_i)\}$。并提出著名的阿罗不可能定理,证明了在某些条件下阿罗社会福利函数是不存在的。Kemp 和 Ng 等也证明在 SWF 的约束条件下所得到的任何社会排序都必定是字典式的,而无法用一个实质函数表达,即使加上某些匿名性的要求,也无法存在一个社会排序,这样的社会决策函数(Social Decision Function)是不存在的[②]。

在经过了由阿罗不可能定理带来的福利经济学研究的停滞期之后,福利经济学产生了回归基数效应和效用人际比较的思潮,并出现了很多种社会福利函数。例如,Ng 提出的"完全效用主义"社会福利函数(Full Utilitarianisms SWF)[③]。维克里和豪尔绍尼在传统效用主义社会福利函数基础上,考虑了不确定性因素建立的新古典效用主义社会福利函数(Neo-Utilitarianisms SWF);罗尔斯假设每个人在信息不明确且为风险厌恶者的情况下,都希望平均分配或者给予最低福利者更多分配,构建了最大最小或罗尔斯社会福利函数(Maximin or Rawlsian SWF)[④];社会福利水平为所有社会成员效用水平的乘积的伯努里—纳什社会福利函数(Bernoulli-Nash SWF);以及重视穷人的效用,赋予穷人更大的效用权数的阿特金森社会福利函数(Atkin-

---

① Arrow K.J.,"A Difficulty in the Concept of Social Welfare",*Journal of Political Economy*,Vol. 58,No. 4,August 1950.

② Kemp,M.C.and Y.K.Ng,"On the Existence of Social Welfare Functions,Social Orderings and Social Decisions Functions",*Economica*,Vol. 43.No. 169,February 1976.

③ Y.K. Ng,"Bentham or Bergson? Finite Sensibility,Utility Functions,and Social Welfare Functions",*Review of Economic Studies*,Vol.42,No. 4,October 1975.

④ 约翰·罗尔斯:《正义论》,何怀宏等译,中国社会科学出版社 1988 年版,第 133 页。

son's SWF)①。

以上福利函数或多或少存在一些较难解决的问题。诸如:新古典效用主义社会福利函数中的权重依靠处于这种状态的人数来确定,其科学性值得探讨;伯努里—纳什社会福利函数中如果一个人的效用函数为负,其他效用函数为正,则总社会函数为负,这显然与实际情况不符。Ng 也认为在不考虑偏好和福利之间三个细微差别的前提下,可以将社会福利函数直接定义为个人序数效用向量的加总②。而在学界最为广泛接受的福利函数形式,是把社会福利视作所有社会成员福利或效用的简单加总,任何社会成员的福利都被平等对待的传统效用主义社会福利函数(Classical Utilitarianisms SWF)。这也是我们在研究失地农民的社会福利中所选用的函数。

四、福利的定量研究方法

对福利作定量研究是福利经济学的难点和焦点问题。它对于判断资源的优化配置亦有着直接的指导作用,是一个不可回避的议题。本书中运用的分析框架是森的可行性能力理论,与传统的福利定量研究方法相比,其对于福利的量化是一个完全不同的思路,这一点在后文中我们将详细说明。但这并不代表我们可以忽视传统的福利定量分析方法。较为传统的福利定量研究方法包括:消费者剩余(Consumer Surplus)、生产者剩余(Producer Surplus)理论以及希克斯补偿理论(Hicks Compensation),下面就这些理论进行说明、分析。

消费者剩余是衡量消费者福利的重要分析工具之一。马歇尔从边际效用价值的理论出发将消费者剩余定义为:"他希望拥有的某种东西时所愿

---

① Atkinson,A.B.,"On the Measurement of the Inequality",*Journal of Economic Theory*,Vol. 2,No. 199,September 1970. 姚明霞:《西方福利经济学理论》,博士学位论文,中国人民大学,2001 年,第 34 页。

② Y. K. Ng, "Non-economic Activities, Indirect Externalities, and Third Best Policies", *Kyklos*,Vol. 28,No. 3,August 1975.

意支付的价格超过他实际支付的部分。"①通过简单的几何图形,可以更为清楚地解释消费者剩余的产生和大小关系(如图1.1所示)。

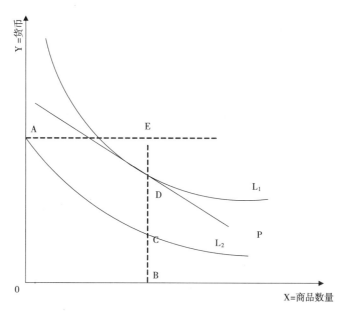

图1.1　消费者剩余

假设 X 表示商品数量,Y 表示货币,AP 直线的斜率表示商品的价格。在约束线 AP 下,消费者的最大效用无差异曲线为 L_1,此时为了购买 OB 数量的商品消费者付出了 ED 资金。在无差异曲线 L_2 中,消费者为了购买到 OB 数量的商品已准备支付 EC 数量的资金(A 与 C 处于同一条无差异曲线),因此消费者的剩余为 EC-ED=DC。一般认为,当边际效用等于边际支出时消费者剩余达到最大值。但当消费者剩余扩大到多商品时,对于消费者剩余值的产生则出现了所谓"路径依赖"问题②。Chimpam 证明,如 Roy

---

① 阿尔弗雷德·马歇尔:《经济学原理》,彭逸林等译,人民日报出版社 2009 年版,第57 页。

② 即,消费者剩余的变化不仅依赖于状态 0 和状态 1 的价格与收入分配,还依赖于链接这两个断点的具体路径。其中,状态 0 表示改革之前的状态,1 表示改革后的状态,并默认状态 0 到状态 1 存在潜在的怕累托改进。

恒等式适用,消费者剩余则是路径依赖的,这亦是消费者剩余遇到的最大阻碍之一[①]。尤其是在现实生活中,路径的调整会影响社会福利的变化。

Hicks 剩余通过将补偿需求替代马歇尔剩余,克服了消费者剩余在测度中的路径依赖问题。对于非经济福利的测度,提供了定量研究的思路。在避免使用基数效用进行经济分析的目的下,Hicks 在消费者剩余的基础上[②],引入了"补偿变动"的概念,他将剩余区分为补偿变差(Compensation Variation,CV)、补偿剩余(Compensation Surplus,CS)、等值变差(Equivalent Variation,EV)、等值剩余(Equivalent Surplus,ES)四种不同的概念[③]。

如图 1.2 所示:当价格发生变化时(价格下降)初始预算线由 EH 绕 E 点移动到 EK,与无差异曲线 U^0 和 U' 相切于 A 与 B 点。消费者的福利从无差异曲线的 U^0 上的 A 点变动到无差异曲线 U' 上的 B 点。而为了保持原始价格不变,GI 平行于 EK,EH 平行于 FJ。U^0 和 GI 切于点 C,U' 和 FJ 切于点 D。在图中,CV=EG,CS=Aa,EV=FE,ES=Bb。

消费者剩余理论虽是测度个人福利变化最基本、最简单易行的方法。但在福利经济学定量研究中起到了积极的作用,它可以较为直接地模拟当一项政策发生改变时,消费者福利发生的变化,并通过货币单位来表达这些变化。Slesnick 指出,"消费者剩余被普遍地选择作为福利量化分析的手段,它的使用背后经济学直觉很明显,且计算所用的数据量要求也最小。"[④]

---

① 鞠建东:《社会价值、市场效率与收入分配》,《经济学(季刊)》2003 年第 3 期第2 卷。

② Hicks,J.R.,"The Four Consumers Surplus",*Review of Economic Studies*,Vol. 11,No. 1,December 1943.

③ 补偿变动 CV:为了保持某人的福利在价格变动之前的水平不变,需要支付多少补偿或者取走的补偿金。

补偿剩余 CS:当某人被限制以新的价格买入商品,如果为了使其获得与初始价格带来的福利,需要对其进行多少补偿或者取走多少补偿金。

等值变动 EV:当没有价格发生变化时,为了使某人达到变化后他可能达到的福利水平应该给予其多少补偿或者取走多少补偿金。

等值剩余 ES:在给定的初始价格和消费水平下,为了使得个人的福利在新价位和消费水平不变,需要给予多少补偿或者取走多少补偿金。

④ Daniel T.Slesnick,"Empirical Approaches to the Measurement of Welfare",*Journal of Economic Literature*,Vol. 36,No. 4,December 1998.

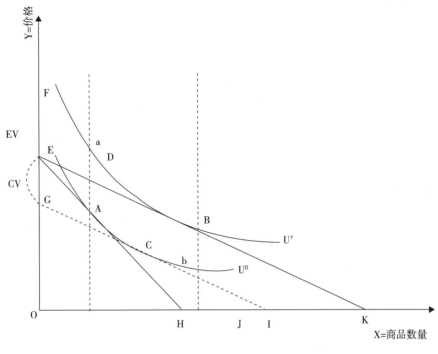

图 1.2 HICKS 补偿

大量学者应用 Hicks 剩余来研究测量福利。包括以 CS 为基础的意愿调查法 CVM,被广泛用于评估不存在交易市场的福利补偿或者是支付价格;将 CV、EV 用于衡量资源环境变化对环境造成的损失。而在不同条件下选择哪种标准更优,Hause 认为 CS 可以用来度量由配额、价格控制和限额供应造成的福利成本、损失,CV 可用于对由税收、补贴、关税等造成的相对价格扭曲成本的度量[①]。当然,希克斯剩余也存在一些问题,在希克斯剩余度量的近似性方面,由于福利的个人主观性,我们发现人们的实际支付意愿在某些人反感支付的情况下,意愿支付和意愿接受之间存在相当大的差距[②]。

---

① Hause,J.C.,"The Theory of Welfare Cost Measurement",*Journal of Political Economy*,Vol. 83,No. 6,December 1975.

② Kahneman,D.and J.L.Kntsch and R.H.Thaler,"The Endowment Effect Loss Aversion and Status Quo Bias",*Journal of Economics Perspectives*,Vol.5,No. 1,December 1991.

此外,Burns 认为实际生活中信息缺乏(或者是数据误差)所造成的福利量化的偏差也是不能忽视的,其重要性不亚于理论上的剩余度量争论。这些需要通过完善问卷的设计和调查的手段来尽可能排除。

第二节　公平理论

虽然新旧福利经济学都回避了对于公平的判断,但是公平从来都是我们追寻的目标。阿玛蒂亚·森的可行性能力理论分析框架之所以取得了学界的广泛认可,很大程度在于其突破了传统福利经济学的限制,在福利的分析框架中融入并强调了对于公平的关注,使得公平与福利二者有机地结合起来。现行的福利经济学文献也大量集中于公平、正义的研究上。因此,针对失地农民多维福利的研究中,我们不仅需要学习福利经济学理论,还需要了解公平、平等理论的相关概念。

一、公平、正义的思想

《辞海》对于"公平"的词条解释为:公平作为一种道德要求和品质,指按一定的社会标准(法律、道德、政策等)、正当的秩序合理地待人处世,是制度、系统、重要活动的重要道德性质。在我国古代就有着关于社会公平的思想,老子在《道德经》中提及:"天之道其犹张弓欤?高者抑之,下者举之;有余者损之,不足者补之。天之道,损有余而补不足。"他认为自然规律就是消减富余补益贫乏,从而取得均衡;孔子在《论语·季氏》中也提到:"有国有家者,不患寡而患不均,不患贫而患不安",即不必担心财富不多,只需要担心财富分配的不均;不必担心人民太少,只需要担心人民的不安定。这句话用经济学的语言表述就是:社会安定与国民财富的多少并无直接关系,而与分配的公平与否显著正相关。西方平等的思想起源于古希腊,公元前6 世纪梭伦曾说:"制订法律,无贵无贱,一视同仁,直道而行,人人各得其所。"亚里士多德认为:"正义包含两个因素——事物和应该接受事物的人;

大家认为相等的人就该配给到相等的事物。"①由此可见,无论是在东方还是西方,公平、平等的思想在古代就已经深入人心。作为一个概念,"公平"、"正义"的思想看似简单却相当复杂。简单的是,它给人们的印象是不假思索的、直观的。复杂的在于,对此概念的任何一种现有阐述都是有争议的。对于"公平"、"正义"的翻译包括 Equality,Equity,Fairness,Justice,Unbiased,Equitable,Impartial,Reasonable,Rational,在本节中重点介绍几种有代表的"公平"、"正义"理论。

（一）罗尔斯的"作为公平的正义"理论

罗尔斯(Rawls)以卢梭和康德的社会契约论为基础,提出了著名的"作为公平的正义"理论,创造了"初始状态"(original position)的概念②。他假设人们在初始的平等状态下,都不知道在变化后所处的社会中的地位,因此大家普遍接受和选择的原则是公平原则。罗尔斯的正义理论包括两条最基本的原则:

第一条原则:每个人都拥有广泛、基本的自由(liberty)体制(scheme)的权利,这种权利是不能被剥夺的,且这种体制与所有的自由体制是兼容的。

第二条原则:社会和经济的不平等应该满足:所有的职位与职务都应该在机会平等公平的情况下对所有人开放;应该给予社会中处于最不利地位的人最有利的利益。

罗尔斯把权利、资源、自由、机会、收入、财富以及自尊的基础统称为"基本善"③。"基本善"是每个理性的人都希望得到的东西。如"拥有权威和官职以及与之对应的权利"、"财富与收入"、"基本权利与自由"、"自由、公平获取任何职务的权利"以及"随意自由居住的权利"。他认为所有"基本善"都应该被平均分配。对于社会利益和经济利益的不平等分配应该对处于社会最不利地位的人最有利。这条原则实质是要求国家对社会成员的

---

① ［古希腊］亚里士多德:《政治学》,吴寿彭译,商务印书馆 1965 年版,第 28 页。
② 约翰·罗尔斯:《正义论》,何怀宏等译,中国社会科学出版社 1988 年版,第 133 页。
③ 约翰·罗尔斯:《正义论》,何怀宏等译,中国社会科学出版社 1988 年版,第 28 页。

社会经济差别予以调节,使之最大限度地改善最差者的地位①。

(二)德沃金的"资源平等"理论

罗德纳·德沃金(Ronald Dworkin)提出了"待遇平等"和"资源平等"的主张②。在他的理解看来,"公平"、"正义"的概念等同于"平等"。③"在规范意义上使用的'平等'……以准确表明作为公正等问题是要表示在某一个或某些方面应当相同,或以相同的方式加以对待。"在具体的理解上,他将抽象的"平等权利"解释为两个方面,第一个方面是作为平等者受到平等对待的权利,"是在有关这些利益和机会应当如何分配的政治决定中受到平等关心和尊重的权利"。第二个方面是平等对待的权利,要求对利益的分配遵循同一尺度,同等分享机会与利益,是一种平均分配的权利④;在"资源平等"理论中,他认为一种分配正义理论必须满足两个基本原则:

第一条原则:"同等重要的原则"(The Principle of Equal Importance),即国家对于资源的分配应该体现社会对个人的平等关心和尊重,每一个人都是同等重要的,这体现个人作为平等者的存在。

第二条原则:"具体责任原则"(the principle of special responsibility),"虽然我们都必须承认,人生的成功有着客观上平等的重要性,但个人对这种成功负有具体的和最终的责任——是他这个人在过这种生活"。具体责任原则要求个人对一切事关个人的选择负起责任,且政府不得干预。德沃金对于平等的思想中蕴含着一个有力的要求,即要求政府必须承认和接受平等观念,把平等观念作为其政治道德理念:即任何一个政府都应该对他统治下的人民保持平等的关切和平等的尊重⑤。

---

① 常健:《当代中国权利规范的转型》,天津人民出版社2000年版,第45页;约翰·罗尔斯:《正义论》,何怀宏等译,中国社会科学出版社1988年版,第133页。

② Dworkin, R. "What is Equality? Part1: Equality of Welfare and What is Equality?", *Philosophy and Public Affairs*, Vol. 10. No. 3, Autumn 1981.

③ Dworkin, R., *Sovereign Virtue*, Cambridge, Massachusetts: Harvard University Press, 2000, p. 236.

④ 德沃金:《认真对待权利》,中国大百科全书出版社1998年版,第67页。

⑤ 陈香玲:《德沃金资源平等理论研究》,硕士学位论文,西南大学,2008年,第45页。

（三）其他公平理论

詹姆斯·M.布坎南（James M.Buchanan）在《自由、市场与国家》一书的第三部分论述了他对于公平理论的思考。在这一部分，他围绕着"平等的分配所注意的焦点应该是先于市场过程本身的权利和所有权分配，而不是社会产品的最终分配"，以及"创造事前的经济—政治公平竞争，比创造事后的经济—政治公平竞争，具有更深远的规范意义"这一核心思想进行论证①。对于"公平机会"概念的理解，布坎南认为"公平机会"等于"平等机会"。"公平机会"要求制度可以清除受人们自身外部因素影响的、在人们中间不公平地分配的预期值所产生的效应。在对于价值所有权中的政治调整过程中，唯有在契约基础上进行才能显示出公平。每个公民都应该受到平等的法律和政治和待遇②。

关于平等分配的理论另外还有多种。例如，平等分配主义（Equal Division Allocation）也叫平均分配（Egalitarian Allocation），就是将所有的消费品在所有的消费者中进行完全平均的分配，每个消费者获得消费品数量一样；平均等价的分配理论要求在效用相同的情况下应该平等对待消费者的横向平等（horizontal equity）③；条件不同的消费者要被不同地对待的纵向平等（vertical equity）；以及没有嫉妒的公平（Fairness as absence of envy）分配理论等④。

农地的城市流转对于各个主体而言，涉及福利的再分配问题。在这个群体里，有弱势的群体，也有强势的利益集团。失地农民在其中往往作为一个边缘的群体，他们对城市流转的参与、决策的权利被强势的开发商以及政府剥夺。在农地城市流转的福利分配中，失地农民的福利受到极大的侵占，

---

① Buchanan,J.M.,"*Liberty Market and the State:Political Economy in the 1980s*",Brighton：Harvester Press,1986,p. 278.

② Buchanan,J.M.,"*Liberty Market and the State:Political Economy in the 1980s*",Brighton：Harvester Press,1986,p. 278.

③ Panzer,E.A.and Schmeidler,D.,"Egalitarian Equivalent Allocations:A New Concept of E-conomic Equity",*Quarterly journal of Economies*,Vol. 92,No. 4,May 1978.

④ 姚明霞：《西方福利经济学理论》，博士学位论文，中国人民大学，2001年，第34页。

不公平问题引发的征地冲突日益增多。因此,在研究失地农民的福利问题时,必须将公平的因素考虑进去,建立一个全面的分析模型。

二、不平等的测度

与公平、平等对应的是不平等。对于不平等的测度,是福利经济学与公平理论相互交错包容最多的地方。从最简单的基尼系数到阿特金森指数,不平等测度和福利经济学在相互促进中得到了发展。

使用最广泛的测度不平等的方法,是由基尼(Gini)是在考察洛伦兹曲线的基础,于1912年提出的基尼系数法(Gini Coefficient)。道尔顿[1]、阿特金森[2]等学者对其进行了进一步的研究和补充说明。

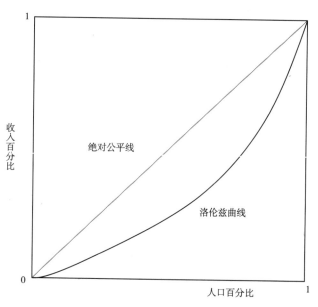

图1.3　洛伦兹曲线

① Dalton,H.,"The Measurement of the Inequality of Incomes", *Economic Journal*, Vol. 30, No. 119, September 1920.

② Atkinson,A.B.,"On the Measurement of the Inequality", *Journal of Economic Theory*, Vol. 2, November 1970.

在图 1.3 上水平轴是最穷到最富人占总人口比的排序,竖直轴是每部分人群所占收入的百分比数。在 0 点位置就是0%的人口占有0%的收入,在 1 的位置就是100%的人口占有100%的收入。那么可以看到当收入绝对平等时(每人收入相同),洛伦兹线就与对角线重合即绝对公平线。但是实际中并非如此,在实际中较低收入人群占有总份额较少,而富裕阶层占据较多,因此洛伦兹线的斜率逐渐上升。基尼系数就是绝对公平线与洛伦兹曲线之间的面积与对角线下方面积之比。基尼系数最大为"1",最小等于"0"。前者表示居民之间的收入分配绝对不平均,即100%的收入被一个单位的人全部占有了;而后者则表示居民之间的收入分配绝对平均,即人与人之间收入完全平等,没有任何差异①。基尼系数的特点是对收入差距的直接测量,考虑到了每两人之间的收入差距。

Theil 利用信息论中一个概念熵(entropy)提供了一个新的测量不平等的思路②。它与以往的方法有很大的不同,设 Y 为事件发生的概率,那么该事件不发生的概率则为 h(y),即为 Y 的减函数。当 h(y) 越不能发生时,事件发生的几率就越大。用数学进行表达就是:

$$h(y) = \log(\frac{1}{y})$$

当有 n 个可能的事件 $1, 2, \cdots, n$ 时,相应的概率假设分别为 $y_1, y_2, \cdots, y_n$, $y_i \geq 0$,并且 $\sum y_i = 1$。熵或期望信息量可被看作每一件的信息量与其相应概率乘积的总和:

$$H(y) = \sum y_i \log(\frac{1}{y_i})$$

将 Y_i 设为个体收入的份额时,当每一个 Y_i 等于 $\frac{1}{n}$ 时,H(y) 有最大值 $\log n$。泰尔将 $\log n - H(y)$ 定义为不平等指数——也就是泰尔熵标准。用熵指数来衡量不平等的一个最大优点是它满足庇古—道尔顿条件,并且能

———————————

①　Sen, A.K. and Foster, J.E., *On Economic Inequality*, Oxford University Press, 1997, p. 168.

②　Henri Theil, "Theory and Measurement of Consumer Demand", *Business & Economics*, Vol. 1, No. 4, September 1976.

用简单的方法进行加总。

Dalton 提出,对经济不平等的测度应该是基于福利的,而福利的测度在功利主义的框架下是根据收入的效用水平来衡量的[1]。他假设每个人的效用函数相同,且收入的边际效用递减(所有效用为正),那么社会福利函数的最大化效用就为平等分配时的值。不平等度为实际社会福利函数与福利可能的最大值之间的比。数学的表达式为:

$$D = \frac{\sum_{i=1}^{n} U(y_i)}{nU(x)}$$

阿特金森(Atkinson)提出了一个总收入的一种特殊分配形式,"平等分配的等价收入"的概念[2]。该概念的数学表达公式为:

$$y_e = y \,|\, \left[nU(y) = \sum_{i=1}^{n} U(y) \right]$$

根据公式我们可以看出,当每个人的收入水平都等于 y_e 时,福利总值 $nU(y)$ 刚好等于在现有收入分布情况下的福利总值: $\sum_{i=1}^{n} U(y)$,即每个人 i 的收入所对应的福利之和。由于每个效用函数 $U(y)$ 是凹性的,也就是边际效用递减,所以 $u \leqslant y_e$ 。当分配越平等, y_e 越接近 u 。阿特金森的不平等测度公式定义为:

$$A = 1 - \frac{y_e}{u}, A \subseteq (0,1)$$

当收入完全平均分配时,阿特金森指数为 0。而任意的分配状况下 A 在(0,1)之间。

对于不平等的测度,我们可以看到学者们都是从规范或者实证的角度,去研究基于福利和社会不平等分配而引起的社会福利损失。在上一节我们提到,农地城市流转的过程,是一个福利再分配的过程。在这个过程中,我

① Dalton H.,"The Measurement of the Inequality of Incomes",*Economic Journal*, Vol. 30, No. 119, September 1920.

② Atkinson, A. B.,"On the Measurement of the Inequality",*Journal of Economic Theory*, Vol. 2, November 1970.

们的研究强调对弱势群体平等、公平的福利补偿。另一方面,通过不平等的测度,不仅从侧面反映了福利分配平等程度,也为失地农民福利在农地城市流转中的被动弱势状态提供一个直接的佐证。

第三节 农地城市流转相关理论

农地城市流转(Rural-urban Land Conversion)指在城市化过程中,由于用地需求的增加使得政府部门运用行政或者经济手段,将原本是农村集体的耕地转变其所有权和用途,满足发展的土地需求的过程①。农地的城市流转,是人类社会经济发展到一定阶段后的必然现象。科学有序的农地城市流转,一方面实现了土地资源在不同权利主体之间的再次优化分配;另一方面有效地促进了生产力的发展,提高了全社会的福利。不科学的、无序的流转则导致土地资源的流失与破坏、参与主体福利割裂的不均、社会总福利的损失、经济发展的畸形和生态、自然环境的破坏等一系列严重的恶果。而农地城市流转决策理论和外部性原理,为解决无序流转及其相关问题提供了理论上的依据。

一、农地城市流转决策理论

决策理论(Theory of Decision Making)起源于第二次世界大战后,是一门综合系统理论、运筹学、计算机等理论而形成的一门关于管理决策问题的管理学理论。它研究决策主体在不同处境下,为要达到的预定目标,该如何选择才最为理性的问题。但在我们的日常生活中,决策的目标往往存在着相互矛盾、相互影响的情况,这对于我们的决策行为有着更高的要求,即在多重性、多目标的前提下选择最优的决策,我们称之为多目标决策(Multi-objective Decision-making Method)。最早由意大利经济学家帕雷

---

① 张安录等:《农地城市流转途径、方式及特征》,《地理学与国土研究》2000 年第 2 期。

托在 1896 年提出,以将许多本质上是不可比较的目标简化成为一个单一的最优化目标。随后,学者们对其不断完善,1951 年考普曼提出多目标最优化问题,并引入了 Pareto 改进的概念,1961 年查纳斯提出目标规划。多目标决策的实质是在各种目标之间和各种限制之间,求得一种合理的妥协,这就是多目标最优化的过程。目前,处理多目标决策的常用方法有多属性效用法、字典序数法、多目标规划法、层次分析、优劣系数、模糊决策等。

本书中农地城市流转的决策行为定义为,决策主体在大量的不确定性(选择价值)或不可逆性及外部性问题的情况下,根据所要达到的目标,对农地城市流转的速度、数量和时机进行控制和选择的过程。农地城市流转的决策主体不同、决策的目标及决策时间不同,其决策过程中所纳入决策考虑的问题也不同。以中央政府为例,其农地城市流转决策的目标是在长期的动态发展过程中保证社会总福利的最大化,因此其农地城市流转均衡决策模型中考虑到的因素包括,集体经济组织和失地农民福利问题、粮食安全性问题、生态景观的保护、地方发展的均衡、农地的使用和非使用价值及下一代的生存和发展问题等。而对于地方政府或是城市用地使用者(包括企业、厂商、个人等)而言,其决策所考虑的时间是相对短期的,决策目标可能仅是区域经济发展或企业经济利益的最大化,而社会其他群体福利及粮食安全等农地外部性价值和子孙后代的可持续利用问题则不在其决策模型中。两者对于农地城市流转所制定的政策制度以及行动是相异的,甚至是相互矛盾、相互竞争的[①]。因此,这里使用多目标规划的决策理论,适合于研究农地城市流转的社会总福利最优问题。

二、农地城市流转的外部性研究

"外部性"(Externality)这个概念最早是由剑桥学派两位奠基者之一的

---

① 宋敏等:《农地城市流转中的不确定性与不可逆性探讨》,《资源科学》2009 年第 31 期;黄烈佳:《农地城市流转及其决策研究》,博士学位论文,华中农业大学,2006 年,第 27 页;黄烈佳等:《农地城市流转区位决策问题探讨》,《资源科学》2007 年第 3 期。

阿尔弗雷德·马歇尔在《经济学原理》(*Principles of Economics*)一书中初步提出的①。在书中他写道:"对于经济中出现的生产规模扩大,我们把它划分为两类,第一类,依赖于产业的普遍发展的生产扩大;第二类,取决于企业自身资源组织和管理的效率而产生的生产扩大。我们把前一种称作'外部经济',将后一种称作'内部经济'。"庇古在《福利经济学》中对外部性问题进行了进一步的完善与研究②。他从社会资源最优配置的视角出发,运用边际分析的方法,提出了边际社会净产值(Marginal Social Net Product)和边际私人净产值(Marginal Private Net Product)的概念,最终形成了外部性理论。庇古认为,在一个企业的经济活动中,如果这个企业给除他以外的企业或社会带来了本不用付出的额外损失时,就产生了外部不经济,这时企业的边际私人成本小于边际社会成本。从福利经济学的角度来看,当某些人的福利不仅仅取决于自动的活动,也受到了其他人福利的影响时,福利的外部性产生了。到了20世纪50年代,"外部性"的概念从广度上有所扩展,多名经济学家对其进行了定义。"一种外部经济(或外部不经济)指:一个(或一些)在作出直接(或间接地)导致一事件的决定时根本没有参与的人,得到可察觉的利益(或蒙受可察觉的损失)。"布坎南和斯塔布尔宾对"外部性"进行了数学的描述③:

$$U_i = U_i(X_1, X_2, \cdots, X_n, Y_m) \tag{1-2}$$

其中:U_i 为一个人 i 的个人效应,$X_1, X_2, \cdots, X_n$ 为其自己的活动所引起的可自控的效应,Y_m 为个体 m 对其产生的影响。

针对外部效应的产生,庇古提出通过政府对排污者进行收税,或对于外部效益提供补贴来解决。但科斯对此提出了质疑,他认为庇古忽视了外部性问题的相互性,没有比较外部性内在化的成本与收益,并指出解决外部性的

① 阿尔弗雷德·马歇尔:《经济学原理》,彭逸林等译,人民日报出版社 2009 年版,第57页。

② 阿瑟·塞西尔·庇古、阿尔弗雷德·马歇尔:《福利经济学》,伦敦麦克米兰公司 1920年版,第12页。

③ 贾丽虹:《对外部性概念的考察》,《华南师范大学学报》2002 年第 6 期。

办法是在产权明晰的前提下,由排污者和受害者自行谈判解决,通过市场化、产权化的手段来避免政府干预和可能的寻租行为①。德姆塞茨综合两者的观点,提出外部性的解决方法具体包括国家干预、市场干预和法律调整等②。张五常在科斯关于"外部性"的思想基础上,用新古典经济学的思路重新解释了"外部性"的概念③。他认为所谓"外部性"是由市场主体在市场决策中权衡界定产权的交易费用与产权清晰节约的交易费用之间的比较。这时必然存在一个由于交易费用存在而引起的效率损失,因此只能实现次优结果④。

就农地资源而言,在其流转成为建设用地之前,对于整个社会具有多种的外部效应。孙海滨将农地资源的外部效应(Agriculture Land External Benefit)归纳为社会保障效应、粮食安全效应以及农地生态保育效应⑤。农民在耕种农地时,会投入劳力、资金、生产资料等物品,在农产品收获时不仅从中得到了农地的全部经济效应,也有人认为由于对农产品价格的非市场化机制,使得农民未获得真正的农产品全部的经济效应,在我国特殊的城乡二元结构中,土地对于农民还起到了类似城市社会保障对于城镇居民的作用,提供了类似最低生活保障、养老保障、就业保障的保障功能。尤其是农地为农民提供了基本的就业底线,对于减轻社会就业压力,吸收农村剩余劳动力起到了关键的作用。也正是由于农民对农地资源进行耕种,我们的社会粮食的供给才能稳步上升,自给自足。如果没有稳定的粮食来源,一旦国际社会发生某些粮食危机,使得中国无法大量购买到必需的粮食,社会所产生的严重动荡将不堪设想⑥。因此,农地理所应当地具有粮食安全外部效

---

① [美]科斯等:《财产权利与制度变迁》,刘守英译,上海三联书店、上海人民出版社1994年版,第32页。

② Demsetz H.,"Toward a Theory of Property Rights",*Law and Economics*,Vol. 57,No. 2,May 1967.

③ 张五常:《经济解释》,上海商务印书馆2000年版,第54页。

④ 徐桂华等:《外部性理论的演变与发展》,《社会科学》2004年第3期。

⑤ 孙海滨等:《基于结合空间拓扑和方向关系信息的空间推理》,《计算机研究与发展》2006年第43期。

⑥ 汪峰:《农地价值评估及其社会保障功能研究》,硕士学位论文,浙江大学,2001年,第21页。

应。在城市化迅速发展的今天,工厂、水泥建筑占用了大量的农地资源,开敞的空间、景观、清新的空气、清澈的河流被林立烟囱、严重的各种污染所替代,我们生存的环境受到了严重的威胁,农地生态保育效应凸显[①]。虽然当农地流转成为建设用地后,上述正外部性也随之消失。但城市的发展也为城市和农村居民带来了诸如交通、教育、医疗、购物、居住、生活环境的改善。例如,道路的修建为缩短城乡间距离,带动沿线经济发展,转变区域的产业结构,起到了积极的作用,这亦是一种正的外部性。又如,农地流转成为住宅或者商服用地后,周边水、电、路、煤气等基础设施的完善,学校、银行、邮局、医院、购物场所、餐饮等配套行业的进入,也使得农民的居住、卫生、交通环境得到改善,享受到城市发展所带来的便利,增加了其个体福利水平。

本章对于理论进行梳理,通过理论的回顾为后续研究打下基础,并为研究的思路提供指导。福利经济学的流派众多,受到研究视野的限制,新旧福利经济学在福利概念、福利改进标准以及社会福利函数、定量研究上都存在局限性。研究选择森的可行性能力分析框架较好地避免了这些问题,对于明确失地农民多维福利的概念、确定失地农民群体福利函数以及选择影响失地农民多维福利的因素至关重要。对于公平正义理论的追踪我们发现,虽然公平的概念深入人心,但是公平所包含的内容却十分复杂。学者们认为,公平强调的更多是一种参与权利机会的公平,包括事前公平、事后公平及待遇的平等。结合农地城市流转中失地农民问题,公平理论可以明确征地的过程前后需要在哪些地方给予失地农民公平的补偿,从而为改进农民的福利状态提供理论支撑。最后,重视农地城市流转的决策理论以及农地城市流转的外部性理论,有利于农地流转的优化配置,扭转价格与价值的偏离。对提供正外部福利的人群进行补偿,均衡农地流转福利的分配,实现社会总福利的最大化,这也是我们研究农地城市流转相关问题最终的目的。

---

① 黄宗煌:《现阶段农地保育的经济效益分析》,《农业金融论坛》1999 年第 125 期;陈明健等:《农地的环境保育及粮食安全效益评估》,《台湾土地金融季刊》2000 年第 37 期;萧景楷:《农地环境保育效益之评价》,《水土保持研究》1999 年第 3 期。

第二章　失地农民多维福利影响因素
理论分析框架和假设

马克思主义认为,任何科学理论的演绎和研究都建立在对现实问题的归纳之上。前文对农地城市流转文献和福利理论进行了整合,对研究失地农民的福利问题有了初步的构思。然而要进行更深入的研究,还需要进一步进行实地调研。在本章中,笔者根据调研资料从纵向(征地前后比较)与横向(征地后与市民的比较)两个方面对失地农民多维福利的状态进行描述、探讨以及比较分析,对其福利的状态有了一个较为全面和系统的认知,并尝试归纳农民对福利问题不满意的原因。在此基础上,本章的重点在于通过对福利经济学理论演变的回顾,选择森的可行性能力作为本书的理论分析框架,再结合国外相关文献的研究成果和本章第一小节的实地调研的分析,有理有据地得到影响我国失地农民多维福利的影响因素,最后尝试建立一个影响失地农民多维福利的理论模型。总而言之,本章在结合本国实情与国外相关理论的基础上得到了一个影响失地农民多维福利的初步理论模型。

第一节　失地农民多维福利现状研究

由于农地城市流转的不可逆性,农地一旦流转,其对于耕种的农民所起到的诸如最低生活水平的保障效用、收入效用、保障农民工作效用、良好的生态环境等作用将随之失去并无法恢复,农民福利的状态因此存在着剧烈的变化。那么到底征地行为对于农民的福利状态的变化有哪些具体的影响?这些影响程度如何?失地农民对于这些变化和影响又是如何看待的?抱着这样的疑问,笔者于2007年在湖北省仙桃市开展了针对失地农民生活现状的大规模社会调研活动,深入田间地头,与被征地农民、村级干部进行面对面的交流和问卷访谈取得了大量一手资料和数据,对失地农民多维福利的现状有了一个较全面的感性认识。

湖北仙桃市地处鄂中腹地江汉平原,是湖北省辖县级市,辖4街道19镇6乡,总面积2538平方公里,其中城区面积30平方公里,总人口147.57万,2010年,实现国内生产总值300亿元,财政收入20亿元。城镇居民人均可支配收入12480元,农民人均纯收入6458元①。仙桃市经济水平在湖北省县级市中处于中上游,城市化的进程比较早,在安置失地农民的问题上由于无现成的理论和经验借鉴,失地农民问题表现得较为突出,具有一定的代表性。本次调查走访涉及4个村14个组,发放农户问卷150份,回收农户有效问卷146份,有效率97.3%。

一、失地农民多维福利状态的纵向比较分析

农民在失去土地后福利状态变化的趋势,是一个复杂的非线性过程,因此需要我们仔细区分研究。在征地之前农民拥有土地,通过对土地的耕种获得粮食。一部分用于维持自身的日常生活,另一方面用于出售以获得经济收入。征地之后,农民失去了耕种的土地,却不仅仅失去了维持日常生活和经济收入的来源,其隐性的就业问题也同时暴露出来;并且在征地后农村生态环境、居住环境及生活方式都随着农地转变成为建设用地而受到较大的影响。因此要全面了解、评价农民由于征地而产生的自身福利状态的变化,就必须从多方面多角度进行分析和研究。本书主要从征地前后失地农民家庭经济状态、居住状态变化、工作状态变化以及心理活动变化四个方面

---

① 仙桃市第七届人民代表大会第六次会议报告。

进行调查比对和分析①。

（一）家庭经济状态

我国的农村地区由于实行的是以家庭联产承包责任制为基础的经济制度，生产、加工、销售等经济收入的产生均以户为单位，因此调查的基本单位为农户。在收入方面，从我们调查的数据上显示，征地后农民的收入有相当程度的下降，从每月1673元变为1455元。农副业收入发生明显的变化，征地前年均副业收入在5883元，征地后年均副业收入净减少到3266元。同时征地后生活成本增加，征地前户均生活月开支621元，征地后户均生活月开支达1141元，农户每户月均生活开支直接增加520元；征地后，被征地农民的月生活开支中用于食品开支的比例也在增加，征地前户均食品开支在268元/月，征地后户均食品开支为626元/月。其主要原因是征地前农民的粮食、蔬菜以及食用油基本上自给自足，每月的花费只是集中在水电肉鱼等上，而征地后粮食、蔬菜以及食用油完全要靠购买获取，加上农产品等基本生活消费品零售价格的上涨，使得每月基本生活消费支出显著增加。计算食品支出总额占个人消费支出总额的恩格尔系数（Engel's Coefficient）由征地前的43%增加到征地后的55%。

（二）居住状态

从征地前后居住的环境上来看，农地被征收后，由于政府对于农地进行"三通一平"、"五通一平"的投资与改造，使其从原始的"生地"转变为可以进入土地流转市场的"熟地"，并逐渐加强对征地片区周边医疗卫生、教育、购物、交通、饮水管道、下水道系统等城市配套基础设施的完善。具体包括：饮用到经过消毒的自来水，摆脱了饮用不洁净和不健康地下水的历史；卫生的城市下水管道系统连接到每一户，改善了家庭生活的卫生质量；到达中心城区更加方便和快速，享受到了购物的便利和都市的氛围。以上改变对农

---

① 聂鑫、张安录：《农地非农化过程中农民福利变化实证研究——基于湖北仙桃的调查》，《国土资源科技管》2008年第5期；聂鑫、张安录：《失地农民安置补偿制度建设的实践和思考——基于湖北仙桃调查的分析》，《陕西农业科学》2008年第4期。

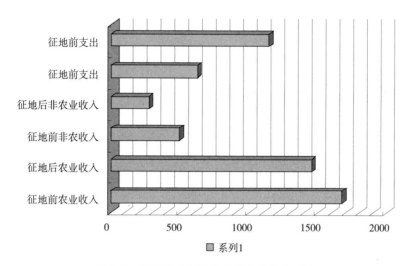

图 2.1　被征地农民征地前后家庭收支对比

数据来源:调查统计剔除特殊数据后的结果。支出为日常生活基本支出不包括医疗、教育、人情往来等。

民的居住、生活状态起到了积极的正向作用,但是征地行为也带来了诸多负面的影响。农地城市流转使原有农村土地流转成为交通道路、工矿企业、住宅商服等建设用地,原来的耕地所拥有的生态环境,以及开敞空间都受到了破坏,空气的质量、水、噪音等环境有着不同程度的恶化。并且由于土地城市流转多发生在城市外缘地区——城郊结合部,大量的外来流动人口加入本地社区的居住,引发征地后社区治安事件的数量上有着明显的上升,社会治安环境不同程度发生恶化。在居住方面,由于原有住房被拆,大部分农户都进行了房屋的集中规划和安置,居住条件获得了极大的改善。从以前的土木、砖木结构的房屋,住进了砖混结构且规划良好的小洋楼。但是从调查的情况看来,由于住房补助以及安置补助标准较低,超过 90% 的农民因为搬迁建房而背负了较大的家庭赤字。

(三)工作状态

土地是农民就业的最后"保障线",征收了农民的土地也剥夺了其最后的就业保障。在改革初期,仙桃市对农民的安置补偿实行的是"谁征地谁用工"的措施,是以就业为先决条件的社会保障体系,因此不存在失地农民失业问题。20 世纪 90 年代后期,征地安置由就业保障变成了一次性货币安置,在补偿偏低的情况下,失地农民的失业或者是半失业问题就显得尤为突出。在我们调查的 146 名农户中,只有 2.7% 的农民被村或征地企业安排就业,且收入不足 800 元/月;有 75.3% 的人靠短期雇佣获取生活来源,其中本地打工者占调查人数的 61.7%,外出打工者占 13.6%,其中本地由于就业条件不理想,大多数的打工者是从事纯体力劳动,劳动替代性极强,工作极不稳定。这部分的农民实质上也是一种隐性失业者;另外还有 10.9% 的农民处于完全失业的状态。

(四)失地农民心理状态

在我们所调查的 146 份问卷统计结果反映,当询问农户"征地政策需要在哪些环节进行改进"时,有 90.4% 的村民认为"村民应参与征地谈判,如果村民不同意,征地就不能进行",而超过 70% 的农户认为需要"公开公平分配征地补偿费用;组织被征地村民非农就业培训,增强劳动技能;完善被征地村民的社会保障措施,加大社会保障力度"。在针对公共事业用地补偿的调查中,我们发现,有 87.8% 的农户认为对于交通、教育等支持社会发展的公共事业用地,可以接受较低的补偿,他们愿意为公共利益的征地作出自己的贡献,牺牲一部分的利益。但是他们对于征地过程的不公平问题反映强烈。在现行征地过程中,征地的不公开和不透明、征地手段的强制性,以及对于失地农民补偿制度上的不完善等诸多原因,使得农民对于征地有着相当大的抵触心理。很多农民反映,对其土地的征收事前根本没有任何通知,至于征地用途的告知、征地补偿标准的制定、征地意见的征询更无从谈起,只是在收地时由村集体出面签字,并且农民对于村干部以及相关权力人群在征地过程中暗箱操作,获取远远高于其他村民的征地补偿,极其不满。当问到征地对于生活水平的影响时,77.4% 的农户选择生活明显差于失地前,20.8% 的农户选择略差于失地前,只有不到 1% 的农户认为生活变得强于失地前。失地农民在失去土地后生活福利的状况堪忧。

二、失地农民多维福利状态的横向比较分析

我国现行的户籍制度,存在着城乡二元制的现象。一个户口区分两种不同身份,一种是农业户口,另一种是非农业户口,并对于两种不同身份分别采取不同的政策。在制定城乡二元制的户籍制度的起始,原因之一就是农民拥有可以耕种的土地,而城市居民没有土地,因此给予城镇基本社会各项保障措施,包括城镇职工基本养老、基本医疗、失业等社会保险制度和城市居民最低生活保障制度。根据强制补偿原则,笔者认为当农民在完全失去土地后,应该转变成为城市户籍人口,享受与城镇居民一样的福利待遇。但是,在调查中我们发现完全失去土地的农民与当地市民福利之间存在较大的差异,差别主要存在于以下几点:

(一)社会保障状况

1.失地农民社会保障状况。

我们对调查数据的失地农民的各项社会保障情况进行统计后发现,给予城镇居民和失地农民的社会保障措施,无论从覆盖的范围还是从保障的资金力度而言,都存在着巨大的差异。在调查的 4 个村 14 个组中,只有 69.5% 的组实行了养老保障制度,并且保障力度十分薄弱,养老金最高每月 100 元,最低的只有 50 元。大多数养老保障在 2005 年后才施行,其中养老保障开始发放年龄在 60 岁以上。医疗保障方面情况也不容乐观,农民的看病难问题十分严峻。大部分的村实行了新型农村合作医疗,农民每年交纳 15 元的费用,村集体补贴 15 元。在需要的时候可以报销一部分医疗费用。但报销的条件严格且复杂,规定只有在政府指定的一级、二级医院住院,使用指定的药物、药品,且住院费用必须超过 3000 元的前提下才能报销住院费用中 45% 的医药费、40% 的住院费,最高报销金额不超过 20000 元。在问及是否满意这种医疗保障制度时,92% 的农民不满意,他们认为这种合作医疗对小病无法保障,而对大病来说 20000 元的最高限又往往不够。根据调查显示,有 73% 的被调查者在过去 3 年中没有使用过合作医疗的报销。而最低生活保障制度基本上没有施行。

表 2.1　失地农民保障体系状况

保障项目	养老保障	失业保险	医疗保障	基本生活保障
大洪村	+	0	+	0
杜柳村	*	0	+	0
打字号村	*	0	+	0
黄荆村	+	0	+	0

注:+表示已经开展;0 表示没有开展; * 表示村中有的组开展有的没有开展。
数据来源:调查统计。

2.城镇居民社会保障状况。

在城镇职工基本养老保险制度建设方面我国基本覆盖率已达到76%，其缴费和养老金支付因人和单位而异,具体标准见表2.2:

表 2.2　仙桃市城镇职工基本养老保险条例

	保障的内容和标准
城镇职工基本养老保险企业缴费	财政核拨经费单位的职工,以本人档案工资为缴费基数;其他单位的职工,以本人上年度月平均工资为缴费基数。月平均工资低于当地职工平均工资 60%的,按 60%计算缴费基数;超过当地职工平均工资 300%的部分,不计入缴费基数。单位以全部职工缴费基数之和为单位缴费基数。参保单位按单位缴费基数的 20%缴纳基本养老保险费。
城镇职工基本养老保险个人缴费	财政核拨经费单位的职工,以本人档案工资为缴费基数;其他单位的职工,以本人上年度月平均工资为缴费基数。月平均工资低于当地职工平均工资 60%的,按 60%计算缴费基数;超过当地职工平均工资 300%的部分,不计入缴费基数。单位以全部职工缴费基数之和为单位缴费基数。参保单位职工个人按本人缴费基数的 8%缴纳基本养老保险费。
城镇职工基本养老保险支付待遇	基本养老金由基础养老金和个人账户养老金两部分组成。基础养老金月标准为当地上年度职工月平均工资的 20%,对缴费年限满 15 年以上的人员,缴费每增加一年,计发比例提高 1%。个人账户养老金月标准为本人个人账户储存额除以 120。过渡性养老金月标准为当地上年度职工月平均工资×本人退休前历年平均指数×计发比例(1.2%)×建立个人账户前的缴费年限。

数据来源:仙桃市社会保障局。

在城镇居民医疗保险方面,仙桃市医疗保险参保率达到 80%以上,具体补助和缴纳办法如下:1.各类中小学阶段的在校学生、少年儿童及其他18

周岁以下的居民,政府每人每年补助 90 元,家庭每人每年缴纳 20 元。2.18
周岁及以上的非从业居民,政府每人每年补助 90 元,家庭每人每年缴纳
130 元。3.未享受养老金或退休待遇的 60 周岁以上老年人,政府每人每年
补助 160 元,家庭每人每年缴纳 60 元。

在报销支付方面,参保城镇居民在定点医疗机构发生的符合规定的医
疗费用,其报销额度由起付标准、住院医疗费用发生额、个人自付费用和统
筹基金最高支付限额决定。起付标准按医疗机构级别确定,由个人全额自
付;起付标准以上最高支付限额以下费用按医疗机构级别和药品类别确定
报销比例(如表 2.3 所示):

表 2.3　仙桃市城镇居民医疗保险报销支付标准

医疗费用		本市社区卫生服务机构、惠民医院和乡镇卫生院	本市二级医疗机构	转本市以外医疗机构
起付标准(元)		100	400	600
起付标准以上最高支付限额以下费用报销比例	一般检查、治疗和甲类药品	80%	70%	60%
	特殊诊疗和乙类药品	60%	50%	40%

注:无劳动能力、无固定收入、无法定赡养人或抚养人的参保居民在惠民医院住院,不设起付标准;
一个保险年度内,参保居民两次以上(含两次)住院的,起付标准减半。在一个保险年度内,居
民医疗保险基金累计支付每个参保居民住院及特殊慢性病门诊的医疗费用最高限额为 3 万元;
居民连续参保缴费满 3 年的,居民医疗保险基金最高支付限额为 4 万元;居民连续参保缴费满 5
年的,居民医疗保险基金最高支付限额为 8 万元。
数据来源:仙桃市社会保障局。

在针对最低收入人群生活的最低生活保障制度方面,全市同期 12019
户,26615 名城市低收入者,全部纳入城镇最低生活保障的范围,保障率达
到了 100%,保障金额每人每年 1800 元。

(二)就业状况

针对失地农民教育背景的问卷调查显示,在 146 名被访者中,小学及以
下文化程度人口占 34.7%,占总人口的 1/3,初中及以下文化程度人口占总
人口的 73.3%,只有 1.9% 的人具有大学以上学历,此外只有不到 20% 的农

民拥有农业技能以外的非农技能。较低的教育程度和非农就业技能的缺失,带来的直接后果就是,农民在失去土地后,面临着比城镇居民更为严峻的就业压力。与城镇居民拥有宽阔的就业面相比,除了少数有经商经验、驾车以及烹饪技术的失地农民能找到报酬较高、收入较稳定的工作外,大部分失地农民再就业局限于外出在劳动密集型企业打工。而对于文化水平低、年龄偏大、无一技之长的失地农民就业更为困难,即使找到工作也只是从事强体力、报酬低和稳定性差的简单劳动。

表 2.4　失地农民与城镇居民就业方向以及收入对比表

	就业方向	年可支配性收入
失地农民	搬运工、清洁环卫、劳动密集型企业、建筑工地、司机、厨师、个体经营	7266
城镇居民	所有行业	10761

资料来源:城镇居民收入数据来源于仙桃政府网,失地收入数据来源于调查数据整理。

（三）身份的认同感

失地农民在完全失去土地后,应该转变成为城镇居民。但对失地农民对新身份的认同感和幸福感觉调查显示:农民自我认同感缺失,绝大部分农民无法实现新身份的转化。在问到是"当农民好还是当市民好"时,85.5%的人选择当农民好。90.7%的被调查者一方面承担着农村居民特有的收费项目,例如较高电价、较高水价以及双重收费等,一方面又无法享受到同城市居民一样的医疗、教育、养老等福利保障,因此即使他们的户口已经转成非农户口,却并不认为自己是市民。88.7%的被调查者认为自己既不是农民也不是城里人,心理失落感很强。

三、征地后失地农民福利满意度分析

（一）征地后失地农民福利满意度描述

农民对于征地后福利状态的满意程度,影响着农地城市流转的成效以及未来农地城市流转的规模和速度。调查结果显示农户对于现行征地制度不满意的比率高达95.8%,其中农民认为最需要改进的前三点为:1.鼓励村民参与征地谈判,如果村民不同意,征地就不能进行(90.4%);2.完善被征地村民的社会保障措施,加大社会保障力度(84.2%);3.公开公平分配征地补偿费用(73.3%)。在失地后农民生活的状态方面,77.4%的农户选择生活明显差于失地前,20.8%的农户选择略差于失地前,只有1%不到的农户认为生活变得强于失地前。我们将失地农民福利满意程度问题进一步分解为:您对目前家庭收入的满意程度? 您对个人健康的满意程度? 和您对平时的休息时间长短是否满意? 调查数据显示农民对于征地后的自身福利收入的满意程度相当低,75%以上表示不满意,但是在健康和休息福利方面农民的福利满意程度则表现良好,分别有76%和81%以上的农民表示对健康和休息福利一般以上满意。

表2.5　失地农民收入、健康、休息满意程度

	很满意	一般满意	不好不坏	不满意	很不满意
对收入满意程度	2.74%	17.81%	2.74%	65.75%	10.96%
对个人健康满意程度	39.73%	36.99%	10.96%	10.96%	1.37%
对休息长短满意程度	17.81%	63.01%	12.33%	6.85%	0.00%

资料来源:调查统计。

(二)征地后失地农民福利不满意原因分析

对于广大农民而言,土地是其维持基本生活必不可缺的部分。农民对于土地有着深厚而特殊的感情,当国家为了经济与社会的发展需要对土地进行征收、征用时,大部分农民表示支持并予以理解,但是由于征地补偿制度的先天缺陷使得农民征地后的福利状态普遍下滑,又因为征地过程中的权力"寻租"以及征地补偿标准执行不力等种种不公平现象的发生,加剧了农民对于自身福利状态的不满意程度,给社会的稳定带来了极大隐患。我们将不满意的原因主要归纳为以下几个方面:

1.征地补偿的标准过低。

现行的征地经济补偿由三部分构成:土地上附着物和青苗补偿费、征地

补偿费及安置补助费。依据《土地管理法》,我国现行的征地补偿费计算方式为"产值倍数法",即征用土地补偿费为该土地被征前 3 年平均年产值的 6—10 倍;安置补助费为 4—6 倍。此外还规定,每公顷被征用耕地的安置补助费最高不得超过被征前 3 年平均年产值的 15 倍,征地补偿费和安置补助费两项之和不得超过 30 倍。

表 2.6 仙桃市征地统一年产值标准表

区域编号	年产值标准(元/亩)	倍数	标准	倍数	标准	倍数	标准	平方公里	区域范围描述
一类	1400	10	14000	20	28000	30	42000	19.52	主城区内中心区行政村
二类	1300	10	13000	15	19500	25	32500	14.31	主城区中心区外建成区内行政村
三类	1200	8	9600	13	15600	21	25200	165.86	仙桃市城区建成区外城区三办行政村、纺织工业园辖区行政村
四类	1100	8	8800	11	12100	19	20900	2320.31	郑场、郭河、沔城、通海口、陈场、杨林尾、沙湖、西流河、毛嘴、三伏潭、胡场、张沟、彭场、原种场、农林牧渔场辖区行政区
全市区平均标准	1250						21412	2520	

资料来源:仙桃市国土资源局征地科。

仙桃市 2007 年安置补助标准划分为 4 个等级的区域(见表 2.6):即使按照城区内中心区行政村征地补偿 42000 元这个最高等级的标准来计算,所补偿的标准也只是相当于农民 5—7 年的纯收入。而以现在一个失去土地的 4 口之家为例,平均每月消费支出 600—700 元,其中用于粮食购买支出达到 400 元左右,一年就达到了 5000 元。如果是家里有子女在读中学、高中或者大学,平均中学支出每年达到 3000—4000 元、高中 5000—6000元、大学 10000 元左右,很多家庭因为子女教育而不得不负债。对于有病人的家庭来说情况更不容乐观,在农村医疗保障不完善的情况下,高昂的医疗费让他们很难承受,每月 15 元医疗缴费额虽然不多,但只能是在住院并且指定医院和药品的前提下报销。以一户家有结石患者的农户为例,治疗结石花费了近4000元,报销额度却不到600元。在农民失地后最担心的问题的调查中,养老、看病、子女教育问题占95%以上。在《土地管理法》中,国家的安置费用是在计划经济体制时期制定的,在市场经济条件下,征地补偿标准仍以农业用地的产值倍数为计算依据,没有充分考虑到失地农民失去土地成为城市居民按城市方式生活标准所需的费用,这显然是缺乏合理性的。

2.补偿的内容不合适、再就业难。

在改革初期,对农民的安置补偿实行的是"谁征地,谁用工"的措施,是以就业为先决条件的社会保障体系,因此不存在失地农民失地又失业问题。但是随着20世纪90年代后期社会主义市场经济的逐渐建立和完善,被征地人员文化程度和素质不高,不能完成相应的工作,拖累企业的效率,增加了企业单位运行成本的问题显现。征地安置由就业保障变成了一次性货币安置,但是即使货币补偿完全到位,也不可能完全解决农民长远生计的问题。农民在这笔有限的补偿费的处理上,有的宁可负债也要攀比建房,有的就把这笔钱拿去赌博,最好的也就是放在银行里面生利息,农民自己并没有很好的理财意识,很快这笔钱就花费殆尽,在没有其他收入的情况下,只好又去回头找政府。由于失地农民的教育以及生活背景,使得他们很少有人掌握农业以外的工作技能。又由于农民不愿意离开家庭等原因,即使本地就业环境不太理想,也还是选择在本地找点零散活,而不是去外地打工。有些农民通过熟人介绍或者借点钱自己做点小生意,收入不高且不稳定。在我们调查的一个城中村,由于田地基本上全部被征收,年轻的、有点力气的就从事搬运等力气活,帮别人搬家,运沙土水泥。但是单纯的搬运每月也只能有大概不足1000元的收入,不足以解决一家人的生活问题,久而久之形成一种强搬强要的局面,住户反映强烈,造成了不良的社会影响。而年老的农民则基本上闲在家中,没有任何收入来源。

3.补偿不公平、征地补偿款被占用以及强行征地问题。

由于我国《宪法》所规定的土地所有制是以国有和村集体所有制为主

的二元所有制度,按照现行的土地产权制度,农地既可以为村(组)集体所有,又可以为乡镇集体所有。受经济利益的驱使,在征地补偿时就变成了既为村(组)集体所有,又为乡镇集体所有。这些制度设计上的缺陷导致了农村土地所有权主体不清,权利不明,造成了农民的土地财产权利经常受到损害。在征地的过程中,村集体的领导组织很少或者基本上没有去征询农民的意愿。在卖出土地时,农民基本上没有话语权。在对于国家建设公益设施时候,很多情况是农民觉得几万的补偿虽然不够,但是其最大的怨气并不是因为钱少,而是因为本来很少的征地款还要经过层层克扣,发到手中钱有时候只有发放标准的20%,甚至更少。村里土地被村干部私下交易(违法违规征地),村长和支书等村干部经常在农民不知道或者知道却不愿意的情况下强行卖地。村民情绪激动竭力维护自己的承包权,因而多次上访,或到现场阻止施工等。征地部门却不以维护社会安定为前提,要么威胁,要么私下抓人;有的甚至制造事端,迫使政府出动警力,以达到抓人威胁农民的目的。施工单位则以打人展开攻势,形成强大的心理压力。在调查中,我们经常听到的话是:"说了也没用","说了也白说"等等,农民在抗争无果的情况下,从积极转向消极,从满腔愤懑到无声无息,听任征地部门为所欲为,对自身利益遭受损失已经麻木。

第二节　可行性能力分析框架下的失地
农民多维福利影响因素的研究

在对失地农民福利现状有了初步了解后,我们回到理论的角度对个体福利的影响因素问题进行探讨。首先,对不同的福利经济学基础理论分析框架进行研究,并对其进行比较选择。其次,在选定的理论分析框架下再对具体问题进行研究、归纳和提炼出失地农民多维福利的影响因素。

一、个体福利测度理论的综述

（一）福利经济学演进的逻辑

自 1920 年，A. C. Pigou 的代表作《福利经济学》出版，标志着以 Marshall、Pigou 等为代表人物的旧福利经济学体系的形成。Pigou 认为福利和效益是同质的，因此将福利分析局限于经济福利之中①。他认为经济福利有一个"客观的物品与之匹配"，在大多数情况下，经济福利随着收入的增加而提高。并且推断"作用于经济福利上的效果，与总福利的效果在趋势上是相同的"。在这一思想前提下，旧福利经济学派的学者们将经济福利与物质等同起来，因此这一时期的福利经济学派也被称为物质福利学派（Material Welfare）。物质福利是这一时段的核心思想，基数效用和边际递减是其基础理论。此时期学者们认为福利的测量可以从收入、财富、物质产品的消耗来测度。Marshall 通过定义消费者剩余概念："他希望拥有的某种东西时所愿意支付的价格与超过他实际支付的部分"，来测度消费者福利大小的变化②。

随着 20 世纪三四十年代对是否加入规范价值判断、个人福利是否可以用基数效用来度量以及人际效用是否可比的大争论，引发了新旧福利经济学的转折③。Robbins 在《论经济科学的性质和意义》一书中用严密的逻辑推理，证明了经济学和伦理学的结合在逻辑上是不可能的，并强调经济学不应该涉及伦理或价值上的判断问题，规范性质的结论与基数效用的使用往往紧密联系在一起，因此经济学的应该避免使用基数效用。这引起了经济学家们对经济学研究认识上的转变④。不久后，Hicks 在其著作《价值与资本》中以 Edgeworth 的无差异曲线图为基础，建立了以序数效用理论为基础

---

① Arthur Cecil Pigou, *Wealth and Welfare*, London: Macmillan, 1912, p. 24.

② Marshall, A., Principles of Economics: Unabridged Eighth Edition, *Cosimo Classics*, 1920, p.47.

③ Boadway and Bruce, *Welfare Economics*, London: Basil Blackwell Publisher, 1984, p. 27; Robbins, L.*An Essay on The Nature and Significance of Economic Science*, *3th edition*, London: The Macmillan Press Limited, 1984, p. 16.

④ ［英］罗宾斯:《论经济科学的性质和意义》，朱泱译，商务印书馆 2000 年版，第 42 页。

的一般均衡理论,自此新福利经济学体系开始流行。与旧福利经济学不同,新福利经济学认为,偏好的主观性程度大于效用的概念,主观偏好是这一时期福利经济学的主题。在测度福利时应尽量避免人际基数效用的比较,而只使用序数效用。① Hicks 在避免使用基数效用进行福利分析前提下,在消费者剩余里引入补偿变差 CV、补偿剩余 CS、等值变差 EV、等值剩余 ES 四种补偿变动的概念,并由此测度福利的变化程度。②

新福利经济学为了弥补帕累托最优标准在分配问题方面的缺陷,提出了社会福利函数的概念,试图比较不同的社会状态下社会福利的大小,从而进行最优的选择。然而,20 世纪 50 年代初诺贝尔经济学奖得主 Arrow 证明:在无约束域、完备性、忠实反映个人的偏好的 3 个假设下,如果每个人都认为 A 比 B 好,那么社会整体也应认为 A 比 B 好;而如果再加入传递性、独立性以及没有独裁 3 个前提条件,将不可能做到将个人偏好转变为公共选择,即阿罗不可能定理(Arrow's Impossibility Theorem)。③ 说明个人偏好的集中是不可能的,不同社会形态的评价是不可能的。新福利经济学进入了徘徊两难的境地。围绕着阿罗不可能定理以及类似的肯普—黄和帕克斯提出的不可能性等命题西方学者对其产生的原因进行了研究,并获得了丰硕的成果。

(二)前沿理论的发展研究

20 世纪 70 年代森等人的研究揭示,在缺乏其他信息的情况下,只使用序数效用所提供的单一信息无法进行社会的排序,而基数效用可以获得较充分的信息,从而进行一定的排序④。西方福利经济学理论再次回归到基数效用,与此同时,福利经济学受到了伦理学研究成功的影响,诸如个人权

---

① [英]希克斯:《价值与资本》,薛蕃康译,商务印书馆 2011 年版,第 7 页。

② Hicks, J.R., "The Four Consumers Surplus", *Review of Economic Studies*, Vol. 11, No. 2, December 1943.

③ Arrow, K. J., *Social Choice and Individual Values*, Cambridge, Massachusetts: Yale University Press, 1963. p. 14.

④ Sen. A. K., "Well-being, Agency and Freedom: The Dewey Lectures", *Journal of Philosophy*, Vol. 82, No. 4, Apr 1984.

利、平等、自由的概念越来越受到重视,大批新的福利经济学理论得以发展创造,包括德沃金提出的"待遇平等"和"资源平等"的主张①,布坎南"公平机会"的思考②,黄有光的"最小可感知量"和"福利生物学"的测度③,诺齐克的个人权利框架等。其中最具有影响力的是森的"可行性能力"理论④以及罗尔斯的"基本善"理论⑤。

在解决福利测度的僵局上,森提出所谓"可行性能力"的方式,用"能力"(Capability)一词作为衡量福利(well-being)的手段。与"能力"的概念紧密相连的另外一个概念就是"功能"或者是"生活内容"(Functioning)。在森的理论中,假设生活内容是一个多维的区域,区域里面的每个点都代表一个 N 维的生活内容,能力就是将这些 N 维的生活内容联合起来的一个集合。个体的福利可以根据一个人能够做的有价值的活动或者处于什么样的状态(beings and doings)来判断⑥。"可行性能力"的方法可以进一步理清福利问题分析的思路,将视野从物质商品区域、收入区域、效用集合区域等转到最基本的生活构成要素⑦。Sen 同时也强调,"生活内容"反映了所有的选择方案和已经实现的选择。"比如'斋戒',不仅仅是挨饿,而是他在有其他选择的情况下选择挨饿"⑧。能力为人们能够取得各种生活内容(功能)的不同组合,包括了不同类型的各种生活,人们可以根据自己的喜好自

①　Dworkin,R.,"What is Equality? Part1:Equality of Welfare and What is Equality?",*Philosophy and Public Affairs*,Vol. 10,No. 3,Autumn 1981.

②　Buchanan,J.M.,"*Liberty Market and the State*,*Political Economy in the 1980s*",Brighton:Harvester Press,1986,p. 278.

③　黄有光:《黄有光自选集》,山西经济出版社 2006 年版,第 151—153 页;黄有光:《福利经济学》,中国友谊出版社 1991 年版。

④　Sen. A. K.," Well-being, Agency and Freedom:The Dewey Lectures ",*Journal of Philosophy*,Vol. 82,No. 4,Apr 1984.

⑤　Rawls,J.," Priority of Right and Ideals of the Good ",*Philosophy and Public Affairs*,Vol. 17,No. 4,Apr 1988.

⑥　Sen,A.K.and Foster,J.E,*On Economic Inequality*,Oxford University Press,1997,p. 143.

⑦　Sen,A.K.and Foster,J.E,*On Economic Inequality*,Oxford University Press,1997,p. 168.

⑧　Sen,A.K."Welfare,Preference and Freedom",*Journal of Econometrics*,Vol. 50,No. 6,May 1991.

由(在可以实现的前提下)对其进行选择。

相对于 Sen 的"可行性能力"的概念,罗尔斯也相应地提出了"基本善"的理论,将权利、资源、自由、机会、收入、财富及自尊的基础统称为"基本善",认为"基本善"是每个理性的人都希望得到的东西,如"拥有权威和官职以及与之对应的权利"、"财富与收入"、"基本权利与自由"、"自由、公平获取任何职务的权利"和"随意自由居住的权利"①。他认为,所有"基本善"都应该被平均分配。对于社会利益和经济利益的不平等分配应该对处于社会最不利地位者最有利。这条原则实质是要求国家应对社会成员的社会经济差别予以调节,使之最大限度地改善最差者的地位。个体的福利则由其拥有的"基本善"的多寡而决定②。但将"基本善"转化成为几种可能的生活内容集合,并进行自由的选择的程度会因为个人的差异而有所不同,导致即使某些人拥有相同的"基本善",也会因个人的转化程度的不一,拥有的实际自由严重不同。因此在进行福利平等的评估时,不能从福利个体各自所有的"基本善"角度去评估,而是要从其实际可享有的各种"生活内容"组合的"能力"角度去阐述③。

森所构建的福利分析框架创造性地从人的"可行性能力"的角度入手,去解决福利经济学在面临人际福利比较时的困境(基数和序数比较之争),为福利经济学对于福利测度的实证和规范性研究提供了可操作性研究框架④。但森对丁福利测度的分析提供的是一个广泛的思想框架,而不是一个锐利的分析工具。当对某类人群进行福利测度的研究时,森的框架仅仅告诉我们应该从"功能"(function)或"可行性能力"(capability approach)方

---

① Rawls,J."Priority of Right and Ideals of the Good",*Philosophy and Public Affairs*,Vol. 17, No. 4,Apr 1988.

② 常健:《当代中国权利规范的转型》,天津人民出版社 2000 年版,第 32 页。

③ Sen,A.K."Freedom of Choice:Concept and Content",*European Economic Review*,Vol. 32, No. 1,June 1988.

④ Robeyns,I."The Capability Approach in Practice",*The Journal of Political Philosophy*, Vol. 14,No. 3,August 2006.

面进行研究①,而并没有告诉我们应该选择哪些"功能"或者"可行性能力"去衡量福利,也没有告诉我们对于这些"功能"应该如何量化(赋值)。因此,大量基于森的能力框架下福利测度的延伸性研究应运而生。

二、森的可行性能力框架下多维福利影响因素选取的综述

在上一节我们回顾了个体福利测度的主要理论,在比较各个理论的可操作性和完备性的前提下,选择森的可行性能力作为本书的分析框架。自20世纪80年代中期以来,针对森的可行性能力,学者们进行了大量研究来证明、补充、完善和运用这个框架②。Martinetti认为在使用森的可行性能力分析框架进行实证研究,测度某一群体的福利水平时需要注意以下5点:1.足够的评价空间;2.一个相关能力或者功能的列表;3.选择一个可以充分代表和衡量相关对象多维福利的指标;4.如何选择可以代表每个维度的指标;5.如何对每个维度的福利进行加总。这5个研究要点得到了Nussbaum③和Robeyns的认同。我们认为如何选取适当的功能指标或者名单是进行有效研究的第一步。

对于功能指标的选取,根据研究对象层面以及数据的取得方式可以分为宏观测度指标和微观测度指标。在宏观指标方面的文献卷帙浩繁,包括我们熟知的人类发展指数HDI(Human Development Index)、RHDI④、基于与生活有关的质量指标通用集编制的生活质量指数QLI(Quality of Life Index)等⑤。在个体福利测度方面,Martinetti运用1994年意大利中央统计局21462户(61953人)的家庭调查数据,选取房屋、健康、教育和知识以及

---

① Sen,A.K.and Foster,J.E,*On Economic Inequality*,Oxford University Press,1997,p.189.

② Robeyns,I.,"The Capability Approach in Practice",*The Journal of Political Philosophy*,Vol.14,No.3,August 2006.

③ Nussbaum,M.,"*Women and Human Development:the Capabilities Approach*",Cambridge University Press,2000,p.56.

④ Sagar,A.D.and A.Najam,"The Human Development Index.A Critical Review",*Ecological Economics*,1998,pp.249-264.

⑤ 何强、吕光明:《福利测度方法的研究述评》,《财经问题研究》2009年第7期。

社会参与、心理状态这 5 个维度对功能指标进行描述,进而对意大利公民的福利问题进行了测度。Grasso 认为功利主义限制了福利概念的发展[1],实际仅靠收入这一方面是无法反映福利的多维性和多项性的,福利与卫生、教育、社会关系、长寿、就业、环境条件及住房条件有关,他以系统动力学来解释实施森的框架的可能性,并建立了转换因子模型 CFM(Conversion Factors Model)模型,其中功能性活动取决于身体和心理的健康、教育和培训、社会互动三个因素维度。根据 Lindenberg's 的社会生产函数,Kuklys 用社会选择理论对个人福利的功能性内容进行了界定,将每个人普遍追求的目标分为物质福利和社会福利两大类。[2] 由于数据的限制选取了"健康生活"、"足够住房"、"物质福利"和"在生活中拥有社会与感情的支持"作为衡量福利的 4 个功能性活动。在考虑到人的可发展性内容的基础上,Berenger 选择生活水平 SL(Standard of Living)和生活质量 QL(Quality of Life)作为衡量福利的指标[3],定义 SL 为基于"商品为基础的综合指数",是由国内生产总值产生的,包括商品的数量和服务的质量的投入。具体衡量指标为:卫生标准、教育水平和物质福利。QL 则定义为一个基于"功能"与"可行性能力"的指标,更侧重于无形或定性方面,如:教育质量、卫生质量和环境质量(包括开放性和政治权利)。Robey 认为一个标准的能力的名单应该符合:1.明确的表述;2.有其理论的基础;3.应该有不同层次的名单,第一层是理想的符合标准的清单,第二层是可执行的经验清单;4.能力的清单要包括所有重要内容。[4] 这 4 个标准非常笼统,在具体研究某个人群时应注意其背景偏见,如性别、宗教

① Grasso Marco,"A Dynamic Operationalization of Sen's Capability Approach",*Paper Prepared for the 14th Conference of the Italian Society for Public Economics SIEP - Pavia*,Vol. 3,No. 4,October 2002.

② Kuklys, W. & Robeyns, I.,"Sen's Capability Approach to Welfare Economics",Cambridge Working Papers in Economics 0415,Faculty of Economics,University of Cambridge. 2004.

③ Berenger,V.,"Multidimensional Measures of Well-Being:Standard of Living and Quality of Life Across Countries",*World Development*,2007,pp. 1259–1276.

④ Robeyns,I.,"Selecting Capabilities for Quality of Life Measurement",*Social Indicators Research*,2005,pp. 191–215.

等。Tommaso 在 Robeyns 的标准下设计了代表印度儿童福利的可行性能力的清单,以印度的儿童福利作为研究的对象,考虑印度生活环境下儿童生活的特点和现实经验,建立了具有特殊指向性的儿童福利分析指标体系,包括生活、身体健康、身体完整、感官的想象与思考、休闲活动(嬉戏)、情绪 6 个方面的内容。

森的可行性能力分析方法,是一个较为完整和综合的福利分析框架。在其分析框架中,最重要的就是对于研究对象的功能性指标的选取。森认为功能性指标只能根据具体的研究问题进行列举,并不能建立一个通用统一的名单。学者在确立研究的功能性指标时,发现诸如"住房"、"教育"、"收入"等反映人的基础性的功能维度是不可或缺的部分。针对特殊群体的研究则需要在此基础上添加反映其特性的功能指标。在下面一节我们将针对失地农民这一特殊群体进行具体的指标影响因素的选取。

三、失地农民多维福利影响因素的选取

虽然森拒绝提出一个具体的、概括性的可行性能力名单(List),但对 Nussbaum 提出的关于人的 10 个关键能力的具体名单:(1)生活;(2)身体健康;(3)身体的完整性;(4)感官、想象和思维;(5)情绪;(6)实践理性;(7)社会关系;(8)其他方面;(9)发挥;(10)控制一个人的环境[1],也表示认可。我们发现在对可行性能力的名单进行具体化时(或者说对福利的影响因素进行维度划分时),无论是依据哪种理论,或者研究群体的对象是哪些,都是以人的实际生活中的精神和物质上的需求以及生活的活动为基础,在此条件下再根据具体的研究方向不同,进行归类或者划分。

(一)失地农民多维福利影响因素的选取

森为了摆脱新旧福利经济学在测度福利上的天生缺陷,创新性地提出

---

① Nussbaum, M., "Women and Human Development: the Capabilities Approach", Cambridge University Press, 2000, p. 24; Nussbaum, M., "Capabilities As Fundamental Entitlements: Sen and Social Justice", *Feminist Economics*, 2003, pp. 33-59.

表 2.7 国外福利测度指标选择

作者案例	Martinetti (2000) 意大利	Elaine (2005) 一些国家	G.M.Antony (2007) 印度 14 个邦郡	Wiebke-Kuklys. (2003) 英联邦	Tommaso (2006) 印度儿童	Valerie Berenger (2007) 非洲诸国
指标体系	1.房屋:拥房数(每个家庭拥有的住房面积)和基本生活公用措施(电话、供水、供热等); 2.健康:不很严重的残疾(残废)的后果,不严重的慢性病,较严重的病; 3.教育和知识:教育程度,12 个月读书的频率(接受最新知识); 4.会参与:被动的参与(有关政治文化会议),积极参与(政治组织); 5.理想状态:经济条件(个人与家庭关系),卫生条件,工作条件,闲暇时间。	1.幸福成就; 2.幸福的自由; 3.代理成就; 4.代理自由。	1.人口状况:男性和女性在出生时预期寿命和 5 年生育率,毛出生率,毛死亡率,每 1000 名活产产妇婴儿死亡率;男、女婴儿死亡率,男性和女性的 1 岁以下儿童死亡率,人口增长率(%); 2.社会经济地位:人均国内生产总值以下的人口比例贫困线;男性和女性的毛识字率(小学和中学),政府用于教育的开支(%); 3.健康状况:卫生服务和获得安全饮用水(%),严重和中度体重不足儿童的比例(小于 4 年)可用性; 4.食物摄入量(每消费单位/天):谷类,豆类,糖,块根和块茎作物,香料,肉和肉类食品,水果,牛奶及乳制品,绿叶蔬菜和其他蔬菜; 5.营养素摄入量(每消费单位/天):总脂肪,总热量,总蛋白。	1.健康生活:0 表示有病,1 表示没病; 2.足够住房:空间,温暖,噪音; 3.物质福利:肉类,假日,需要更换的家具和衣物; 4.有社会和情绪支持:1 表示有人支持,0 表示无人支持。	1.生存:性别比,失踪妇女,婴儿死亡率,5 岁以下死亡率; 2.身体健康:出生体重,人体测量,缺铁性贫血,水源,供电率,房屋质量; 3.身体完整性:包办婚姻,结婚年龄,生育破坏行为,受到暴力,性虐待; 4.闲暇:入学率,年轻人受教育; 5.闲暇:童工,去娱乐中心次数,体育活动,心理活动,音乐活动; 6.情感:儿童发展数据,问题集中率,焦虑或恐惧,多动,撒谎; 7.社会交往:家庭组成,到访率,与其他儿童玩耍的自由。	从生活水平和生活质量 2 个方面进 6 个维度行分析非洲的福利。 1.生活水平包括 3 个维度: 1.卫生标准:公共医疗开支(占 GDP 百分比),改善水源(人口的访问),医生数(每 1000 人); 2.教育水平:年龄抚养比(家属的工作年龄人口),公共教育经费,总额(国内生产总值的百分比),小学净入学率(%); 3.物质福利:车辆(每 1000 人),道路铺设(道路长成长的百分比),电视机(每 1000 人); 生活质量包括 3 个维度: 4.质量卫生:根据身体重或不足 5 岁以下(儿童身高),出生时预期寿命(年),据产妇死亡率(每 10 万产妇); 5.教育质量:识字率,成年(15 岁及以上人士),劳动力,儿童 10—14 岁(年龄组)劳动力,女性(占劳动力的百分比); 6.环境质量:开放度(贸易),国内生产净额,政治权利(指公民自由)。人均二氧化碳排放量,

资料来源:作者摘要编著。

了"可行性能力"的理论分析方法,为更加全面、合理地衡量福利提供了一套灵活的测度工具,使得对于描述、衡量人群福利大小的实证分析变得具有可操作性。但是由于福利本身定义的模糊性和复杂性,使得森对福利的分析框架只能回答我们,当对目标群体测量福利时,应该对哪些方面的"生活内容"和"能力"进行研究,并没有告诉我们如何去转换这些福利的内容,从而形成一个可以显示福利大小的指标体系。仔细分析森的"可行性能力"理论框架可以发现,框架内包含着两个层面的内容。第一个层面:定义一个包含目标人群可达到的多维福利的生活内容域;第二个层面:目标人群可以得到某种生活内容集的自由或者是能力[①]。当我们对某特殊群体进行福利分析时,需要根据研究目的以及研究的目标人群的特性不同对这两层内容进行重新选择和定义。

　　在本书的上一节中对根据"可行性能力"的分析框架建立多维福利指标体系的文献进行了回顾与分析。从以往的研究中,我们可以看到前人所建立的福利影响因素指标体系(或者说是多维福利的生活内容选择域),其基本思想与思路都是从人的基本生活内容上进行囊括,包含了物质的福利与非物质的福利两大类。在此基础上根据研究目标和研究对象、群体的特征或特性不同,再细化为有指向性的影响因素(或名单)。具体到本书的研究对象与研究目的来说,我们研究的对象是在中国城市化过程中由于农地城市流转而失去土地的农民这一特殊群体,研究的目的是为了更好地对农民的福利进行公平、有效、合理的补偿。简单说来,"中国农民"、"农地城市流转失地农民"是本书研究人群所具有的特殊的环境背景,在选择指标时要充分考虑到这一点。在考虑人群共性和特性的基础上,还需要考虑到其他一些影响因素来选取指标与自变量。从实际数据取得的可操作性来看,虽然能够包容许多潜在的与失地农民多维福利有关的每一种指标是很理想的,但这在实际操作中是很困难的。常常会存在数据方面的局限和缺陷,指

---

　　① Sen, A. K. Collective Choice and Social Welfare. Elsevier Science Pub Co. Press, 1995. pp. 118-123.

标越多可能出现的误差反而越大,因此要考虑到数据的可收集性与真实性。从数学分析的角度来说,我们所取选择的数据可能在各个指标之间具有很强的相关性,虽然在后面的数据处理部分,能修正一部分由于相关性而造成的偏差,但是在指标选取的初始,如果能尽量考虑、区分指标之间的关系,确定最有代表性的指标和变量,对得到正确的结果也大有裨益。下文将详细说明失地农民各个指向性影响因素(功能性活动指标)的选取。

1. 健康状况。

森认为,福利是一个多维度的概念,一个人的健康状态是衡量福利的一个基本影响因素。Grasso 认为健康是描述一个人生活状态的最基本的元素。[①] 健康包括了物理健康和心理健康(Physical and Psychological Health, PPH)。身体健康是通过一系列的工具来实现的,例如四肢的健康与否以及内脏各个器官的健康程度等。Geoffrey 对于休闲的作用进行研究发现,在社会经济快速发展中,我们面临着巨大的压力,这些压力会影响我们的身体,降低我们的免疫力,因此容易受到疾病的侵袭。[②] 休闲对于健康的维护起到非常重要的相关性,也是达到高福利水平的影响因素。因此应该将休闲纳入健康福利体系中。

在反映健康的功能性活动指标,我们选取四肢、内脏的健全程度以及是否有其他常见病症[③]、失地农民身体健康状况,再询问每年看病次数和就医花费情况来进行进一步观察,看病次数少以及花费少可以说明被调查者身体健康[④],反之亦然。通过休闲时间多少以及休闲的方式可以反映出失地

---

① Grasso Marco, "A Dynamic Operationalization of Sen's Capability Approach", *Paper Prepared for the 14th Conference of the Italian Society for Public Economics SIEP - Pavia*, Vol. 3, No. 4, October 2002.

② Paul, Geoffrey N., "Value, Satisfaction and Behavioral Intentions in An Adventure Tourism Context", *Annals of Tourism Research*, Vol. 36, No. 3, May 2009.

③ Grasso Marco, "A Dynamic Operationalization of Sen's Capability Approach", *Paper Prepared for the 14th Conference of the Italian Society for Public Economics SIEP - Pavia*, Vol. 3, No. 4, October 2002.

④ 方福前:《中国居民消费需求不足原因研究——基于中国城乡分省数据》,《中国社会科学》2009 年第 2 期。

农民的健康状态。

2.居住状态。

住房毫无疑问是福利的重要组成部分。在马斯洛需求层次理论（Maslow's Hierarchy of Needs）中，人最基本的需求除了生理的需求外，就是对于安全的需求。住房对于人来说最基本的功能就是为其抵御外部恶劣的生活环境以及各种可能面临的人身危险，起到健康保障和保护人身安全的作用。但是随着人类的发展，人们对于住房的要求不仅仅是遮风挡雨，御寒避暑以及保护安全的作用，还提出了更新的要求，如追求住房的舒适性和美观性。在广大农村地区搭建一栋体面的房子更是大家追逐的目标，是一种身份的象征。区位和环境对于居住状态的影响也非常明显，对由于农地城市流转而失去土地的农户来说，其生存的环境有明显的改变，原本的耕地、园地、林地等农业相关用途的土地流转成为商服、工矿仓储、住宅、公共、交通运输等用途。用途的改变随之带来巨大的外部性效应，诸如空气质量变差、噪音污染等对于失地农民的福利产生了负面的外部效应。环境心理学研究表明，与强噪音有关的生理唤起会干扰工作，而空气污染对身体的健康造成影响，在某些条件下会引起消极心情和侵犯行为。但同时交通道路、下水管道、自来水管网、天然气管网等相关基础设施的建设便利了人们的出行以及各种日常生活活动，给失地农民福利的功能性活动带来积极的影响。

在选择观察变量时，调查房屋面积是为了结合个体特征数据计算家庭人均住房面积确定住房拥挤程度。房屋结构可以表明房屋品质的好坏，卫生的饮水和卫生的厕所等状态反映居住区域的公共基础设施是否齐全。又通过室内地面平整状态和家电家具装修情况来侧面反映居住得是否舒适，这些对住房的功能性活动都有着积极的正相关作用。对于环境的改变，通过选择空气质量和噪音污染情况进行考察，并考察生活小区配套设施的完善程度，配套设施越齐全表明居民生活环境越便利，城市化水平越高①。

---

① 参见方福前：《中国居民消费需求不足原因研究——基于中国城乡分省数据》，《中国社会科学》2009 年第 2 期。

3.社会参与支持。

正如前面章节中提到,森的可行性能力理论是西方福利经济学理论与伦理学相互影响的产物,诸如个人权利、平等、自由的概念越来越受到福利经济学的重视。从来没有一个时代像如今这样物质条件充足,我们追寻的目标不再仅是丰衣足食,社会的发展更加强调人人拥有参与时事的自由与权利、人人享有平等的待遇。在物质条件满足生活所需的前提下,自身得到他人与社会的尊重是福利得到体现的表现,是实现和谐社会的要求。尤其在我国政府实行的是城乡土地二元制结构,城市以外的土地由村集体组织拥有。村集体组织是农民参与的决策组织,在土地流转过程中是主要的参与主体。而在现实中,农民往往是被动接受征地的各种安排,农民在土地流转过程中知情权、对土地流转用途、土地出让价格、安置补偿方式的"投票"权被强势的其他主体边缘化或者完全漠视,严重影响了失地农民在农转非后的福利状况。针对农地城市流转这一过程,土地增值的巨大财富的重新分配、失地农民生活方式的转变,必定会造成失地农民群体在生活和心理上的巨大波动。失地农民对于征地行为这一极大改变其生活的活动,能否应用自己的权利?是否能参与其中?参与的程度多少?结合本书目的和特征人群的特点设置衡量失地农民这个群体参与农地城市流转过程程度的指向性指标。

衡量失地农民社会参与支持功能性活动的指标:选择是否知晓村中大事、是否有人告知征地程序、有人询问征地意见、是否有市民相同待遇、养老情况以及生活中是否有人与您交流,倾听您的意见[1]来观察得到。失地农民养老的社会化表明社会对于这个群体的支持,而是否有倾听意见者,表明了他人对被访者的尊重。

4.工作状态。

工业化、都市化和社会现代化,特别是"工资就业"和"失业问题"产生

---

[1] Kuklys, W. & Robeyns, I., "Sen's Capability Approach to Welfare Economics", Cambridge Working Papers in Economics0415, Faculty of Economics, University of Cambridge, 2004.

以来,就业问题始终处于每个政府政策执行的中心位置[①]。良好的就业水平是经济发展、社会稳定团结的最敏感指标之一。对于个人而言,工作不仅仅是一种谋生的手段,更是一个人实现自我价值的场所。良好的工作给家庭提供稳定的收入,持续稳定的工作增强个人的责任感,通过积极的发展前景又会增强人们对于创建美好生活的积极性,一份好的工作会影响人的一生。而对于被征收土地而被强制剥夺工作的失地农民而言,由于其教育程度不高、非农劳动技能缺乏、年纪偏大以及不愿意远离家庭等诸多原因,使得农民在失去土地后的就业情况不甚理想,在就业中处于劣势地位。托尼·弗洛特认为:"对于失业的人来说,提供再次教育的机会,使得失业者更加容易找到工作。"在我国,失地农民这一群体基数庞大,帮助失地农民再次就业不仅仅是一个经济问题,而且是关乎社会稳定的严峻问题,理应获得重点的关注。

对于反映工作就业的功能性活动指标,我们选择工作报酬满意程度、工作发展前景[②]、工作稳定程度、非农就业状态,从失地农民自身主观的角度来说明工作就业的状态,通过询问是否有再就业,以及再就业技能培训反映农民失去土地后再就业的难易水平。

5.补偿公平。

公平社会从来都是我们一直追寻的理想社会。公平的概念看似简单,但其实包含的内容却十分复杂。德沃金认为公平的概念等同于平等。[③]表明作为公正等问题是要在某一个或某些方面应当相同,或以相同的方式加以对待。布坎南认为公平可以理解为"公平机会",这要求清除受人们自身外部因素影响的、在人们中间不公平地分配的预期值所产生的效应。[④]在

---

①　Pahl, Raymond E. (ed.), *On Work, Historical, Comparative and Theoretical Approaches*. Oxford: Blackwell, 1988, p. 145.

②　方福前:《中国居民消费需求不足原因研究——基于中国城乡分省数据》,《中国社会科学》2009 年第 2 期。

③　Dworkin, R., "What is Equality? Part1: Equality of Welfare and What is Equality?", *Philosophy and Public Affairs*, Vol. 10, No. 3, Autumn 1981.

④　Buchanan, J. M. and W. Stubblebine, "Externality", *Economica*, Vol. 29, No. 1, November 1962.

我们的前期调查中,我们了解到被征地农民往往不抱怨政府的补偿不高,而是对于补偿过程中补偿款的确定和发放方式怨声载道。例如,在 2007 年对武汉洪山区某村的调查中,我们听到农户反映,在某房地产公司对房屋面积进行还建时,在宅基地面积差不多的情况下,村长得到 3 栋住房的补偿,而村民可能只有 1 栋补偿,村民对此极其愤慨不满,并进行上访投诉。据不完全统计,由于征地拆迁等引发的上访事件占全部上访事件总量的 40% 以上。在结合公平的普遍标准的基础上,有针对性地通过农民对于农地城市流转征地补偿的过程的关键环节和补偿内容的主要方面的主观感受来进行考察衡量。

观察变量包括:国家制定补偿额是否公平、耕地补偿面积丈量是否公平、房屋还建面积是否公平、补偿款分配是否公平、子女受教育机会是否公平、失业后再就业机会是否公平以及失业后再就业技能培训机会是否公平。

6.个体特征数据。

个体特征数据中,诸如教育程度、收入等,虽然从某种程度上对于失地农民的福利有着直接的影响,但是并不能有针对性地反映本书的目标群体失地农民福利的共性状态,更不能反映由于农地城市流转而产生的福利状态的变化,因此并不作为主要的影响因素进行分析,而是将其并入以上的各个影响因素中。例如家庭经济水平因素,正如前文所述,森的可行性能力分析框架对于以往的福利经济学而言,为更加全面、系统地衡量福利的各个方面提供了更为有效的分析工具。虽然收入在森看来只能反映获得功能性活动工具的大小,而不是功能本身,但是森并没有否认在以往福利衡量中起到决定性作用的收入与支出的情况,是提高其生活质量的关键决定因素。尤其在中国还是一个发展中国家,社会保障各项措施还不到位的情况下,在农地城市流转的背景下,对于失地农民而言,收入水平的高低,直接决定了征地后是否能保持一个较高的福利水平。受到由征地带来的福利变化的冲击对于收入水平较高的农民而言,可能比收入水平低的要弱,其适应新的生活环境的能力也会较强。Lelli 认为家庭经济资源可以反映家庭成员的社会地位,其可用的商品、服务以及紧急情况发生后是否感觉安全的主观感受也可以反映家庭生活的舒适度。① 居住状态中的房屋面积、结构等观察变量、工作状态中的对于工作报酬的满意度以及工作的发展前景变量,补偿公平中的补偿标准的公平程度变量,这些都间接地反映了家庭经济的情况。

在选择个体特征观察变量时选择:征地补偿金额的标准以及最终发放到手的金额。征地补偿金额发生在短期可能是一笔不小的财富,但是在长远来看,所能维持的时间也有限。因此进一步选择现在每月的收入、每月的人均支出和每月的食物支出 3 个变量揭示失地农民现在的生活状态与水平。另外将每月支出和每月食物支出进行比对,可以得到失地农民生活的恩格尔系数,从侧面也能对失地农民的生活状态进行佐证。其他特征数据还包括被访者家庭成员人数、劳动力人数、教育程度、年龄、是否村干部、征地面积和征地时间等②。

(二)失地农民多维福利影响因素逻辑关联路径分析

通过第三章第二节部分的分析,我们得到了影响失地农民多维福利的因素分别是:健康状态、居住状态、社会参与支持、工作状态和补偿公平 5 个因素。通过文献的回顾,我们知道福利是一个综合、复杂的概念,影响因素通过不同的路径对失地农民的福利水平产生各种的影响。结合调查分析发现:拥有良好的健康状态是支持失地农民获得正面福利效果的积极因素之一;安全、舒适、体面、便利的居住环境对于失地农民而言容易获取较高的福利满意度;由于不能自由参与与之利益相关的各种政治活动,实现参与权利的自由,失地农民对于自身福利状态显得并不满意;拥有较高收入和有发展前景工作的失地农民,对于自身福利状态的满意度明显优于失业或者是不规律就业的农民;补偿的公平则是失地农民反应最为敏感和强烈的地方,由于补偿不公平行为的发生,引发失地农民心里的不满,极大影响了失地农民

---

① Lelli, S., "Factor Analysis vs. Fuzzy Sets Theory: Assessing the Influence of Different Techniques on Sen's Functioning Approach", *Center of Economic Studies Discussion Paper*, Vol. 4, No. 1, November 2001.

② 聂鑫、汪晗、张安录:《基于公平思想的失地农民福利补偿——以江汉平原 4 城市为例》,《中国土地科学》2010 年第 6 期;聂鑫、汪晗、张安录:《微观福利视角下的库区移民搬迁意愿调查》,《中国人口、资源与环境》2010 年第 9 期。

的福利状态。综上所述,我们提出各个因素对于失地农民多维福利状态直接影响路径的假设(包括假设 1a、1b、1c、1d、1e):

假设 1a:健康状态对于失地农民的福利状态有着直接正面的影响。

假设 1b:居住状态对于失地农民的福利状态有着直接正面的影响。

假设 1c:社会参与支持对于失地农民的福利状态有着直接正面的影响。

假设 1d:工作状态对于失地农民的福利状态有着直接正面的影响。

假设 1e:补偿公平对于失地农民的福利状态有着直接正面的影响。

在研究中,我们认为影响因素不仅对于福利的影响不是单方向和唯一的,而且不同的因素之间也存在着相互影响。在第一章的分析中,我们知道公平正义理论看似简单,其实包含的内容十分复杂。本书以德沃金的"待遇平等"和"资源平等"的主张①,来定义失地农民福利的公平,根据德沃金的理解,"公平"、"正义"的概念等同于"平等"。"在规范意义上使用的'平等'……以准确表明作为公正等问题是要表示在某一个或某些方面应当相同,或以相同的方式加以对待。"因此,在本书中笔者将失地农民福利公平的影响因素分解为:国家制定补偿额是否公平、耕地补偿面积丈量是否公平、房屋还建面积是否公平、补偿款的分配是否公平、子女受教育机会是否公平、失业后再就业机会是否公平、失业后再就业技能培训机会是否公平。在此研究和分析之下,我们认为居住状态、社会参与支持以及工作状态对于补偿公平有着相互的影响关系,这种关系应该是单方向的和直接的(假设 2a、2b、2c)。而且研究假设,补偿公平对于失地农民的福利状态有着直接的影响,因此,居住状态、社会参与支持以及工作状态还通过补偿公平因素,对于失地农民多维福利状态存在着某种间接的影响,得到假设 3a、3b、3c。

假设 2a:居住状态对于补偿公平有着直接正面的影响。

假设 2b:工作状态对于补偿公平有着直接正面的影响。

---

① Dworkin,R.,"What is Equality? Part1:Equality of Welfare and What is Equality? Part2:Equality of Resources",*Philosophy and Public Affairs*,Vol. 10,No. 3,Autumn 1981.

假设 2c:社会参与支持对于补偿公平有着直接正面的影响。

假设 3a:居住状态通过补偿公平对于福利状态有着间接正面的影响。

假设 3b:工作状态通过补偿公平对于福利状态有着间接正面的影响。

假设 3c:社会参与通过补偿公平对于福利状态有着间接正面的影响。

通过这 11 个假设的提出,我们将影响因素和福利之间、因素和因素之间的关系进行了系统的构建,得到了完整的失地农民多维福利影响因素的理论模型,如图 2.2 所示。

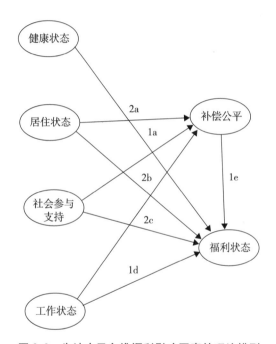

图 2.2　失地农民多维福利影响因素的理论模型

本章通过对典型区域失地农民福利的实地调查,从家庭经济状态、居住状态、工作状态和心理状态四个方面对农民征地前后的福利状态进行纵向比较,认为征地后农民的总体福利状态相较于征地前有着较大程度的下滑;而从与同期市民的横向比较来看,失地农民的社会保障水平远低于同期市民的保障水平,在就业方面也有着不小的限制与差异,部分完全失去土地的农民对自己市民的新身份缺乏认同感。综合两方面的比较,得出失地农民对于自身福利状态不满意的主要原因包括：征地补偿的标准过低、补偿的内容不合适、再就业难以及征地过程中的不公平现象。在对失地农民多维福利的现状有一个较为清晰和全面的认识后，本章第二节通过对福利经济学相关理论的回顾与探讨，分析并比较前人对于福利经济学理论框架的研究，从而选择森的可行性能力理论作为研究的理论基础。根据研究的内容，对森的可行性能力理论分析框架进行进一步的拓展，选取健康状态、居住状态、社会参与支持、工作状态和补偿公平5个影响因素作为失地农民多维福利的功能性指标，并剖析这5个影响因素对于失地农民多维福利的作用机理和机制。最终提出各个因素之间逻辑关系路径的假设，建立失地农民多维福利影响因素的初步理论模型。

　　建立初步的理论模型之后，应该进行实证研究的设计，通过调查数据对理论模型进行检验和修正。笔者将在第五章对此内容进行讨论。但在此之前，笔者将在下一章中回顾福利测度的各种计量方法，结合本书内容从中选择最适合的方法以供实证数据分析使用。

第三章 失地农民多维福利影响的测量分析模型

选择契合的计量方法是减少理论模型与实证数据在相互适配的过程中产生误差的有效手段之一。本章首先通过对福利测度相关文献的追述,提取研究多维福利测度的计量方法,并予以介绍说明,在此基础上再分析各种方法的优劣之处,从而选取最适合失地农民多维福利的测度方法。本章的重点在于,选择了潜变量方程法(Latent Variable Model,LVM)对失地农民的多维福利进行测度,在此前提下,搭建失地农民多维福利的 LVM 模型的雏形。就现有的相关文献以及技术方法的了解而言,LVM 是目前可选择的最合适以及较前沿的福利问题分析方法。

第一节 微观个体多维福利测度方法的研究

一、微观个体多维福利测度方法的综述

自从森①的可行性能力分析框架逐渐完善,且被广泛应用到各个领域,成为个体福利测度的基础与主流研究方向以来,学者们对于福利的测度研究方向也逐渐从完善分析理论转到尝试使用不同的计量方法或统计手段对

---

① Sen. A. K., " Well-being, Agency and Freedom: The Dewey Lectures ", *Journal of Philosophy*, Vol. 82, April 1984, pp. 169–183.

可行性能力进行合理的测度上来。联合国开发计划署①通过预期寿命、教育和人均国内生产总值这三个最基本的维度去衡量各个国家的福利水平。运用简单算术平均数的办法,将三个维度赋予同样的权重,综合起来得到各国人类发展指数。Schockkoert 和 Van Ootogem② 运用回归分析法(regression analysis)对影响比利时失业群体的福利因素进行了分析,并对福利状况进行了测度。Klasen③ 根据南非家庭调查数据,运用主成分分析法(principle factor analysis)对南非的贫困与剥夺问题进行了研究,得出家庭规模与女性户主家庭是影响不平等的最敏感的两种因素,并对因素之间的相关系数与可靠性作出了验证。Maasoumi 和 Slottje④ 引用了 1915—1995 年美国人均可支配收入以及分配情况等数据,利用 ARIMA 模型和熵的概念,分析和检验潜在影响美国人多维福利的因素。

要选取合适的福利测度计量方法来提高福利测度的精确性,就必须要结合"福利"定义的特点。Martinetti 认为,"福利"作为一个夹杂主观因素和客观因素的概念,其本身天然存在着概念的模糊性(Vagueness)与复杂性(Complexity)。我们在对福利进行测度时,不可避免地会遇到对一些主观的、抽象的概念如:"你幸福吗"、"你觉得公平吗"进行评判研究。因此对"福利"的测度方法需要对其定义的模糊之处进行度量,Martinetti 针对无法精确界定"福利"的边界这一特点,借鉴了在数学以及工程、心理学等学科上广泛运用模糊集(fuzzy set thoery)方法,用主观的评价去替代一些非此即彼的问题,并在此基础上对意大利人的福利进行了实证的研究,类似的研究也见于 Baliamoune,Valerie,Berenger。由于福利定义的广阔性与丰富性,我

① Ambuj D.Sagara, Adil Najamb, "The human development index: a critical review", *Ecological Economics*, Vol. 25, No. 3, June 1998, pp. 249 – 264.

② Schokkaert E.and L.Van-Ootegem, "Sen's Concept of the Living Standard Applied to the Belgian Unemployed", *Recherches economiques* de Louvain, Vol. 56, Septemter 1990, pp. 429–450.

③ Stephen Klasen, "Measuring Poverty and Deprivation in South Africa", *Review of Income and Wealth*, Vol 46, No. 1, March 2000, pp. 33 – 58.

④ Maasoumi, E.and Slottje, D., "Clusters of Attributes and Well-Being in the USA", *Journal of Applied Econometrics*, Vol. 16, No. 3, June 2001, pp. 445–460.

们所构建的福利模型必须是一个多维度、多指标的模型体系。Kuklys 和 Tommaso 首先根据森的可行性能力分析框架建立一个关于福利影响的理论模型,其次对模型需要的数据进行采集,通过 MIMIC 模型对假设的福利与影响因子、因子与因子之间的影响路径与逻辑联系进行了检验与修正。Lelli 运用验证性因素分析法(Confirmatory Factor Analysis,CFA)在理论模型得到影响福利因素的前提下,运用欧盟比利时 3700 户(7021 人)数据,对理论模型进行实证研究,得到了心理因素、社会交往、收入等维度对福利的影响权重值。模糊集与验证性因素分析法因其对微观个体的福利测度的针对性与有效性,已经吸引了越来越多学者的注意。

表 3.1　福利测度的计量方法

作　者	年　份	方　法
Sen	1985	描述性统计
UNDP	1990—1997	算术平均值
Schockkoert	1990	因子分析、回归分析
Martinetti	2000	模糊数学
Balestrino	2000	因子分析
Klasen	2000	主成分分析
Lelli	2001	验证性因素分析法
Baliamoune	2003	模糊数学
Kuklys	2003	多因子多因素模型
Tommaso	2006	多因子多因素模型
Berenger	2007	模糊数学
Antony	2007	因子分析、算术平均

资料来源:本书整理。

二、微观个体多维福利测度方法的选择

从对福利测度方法的相关文献分析中,我们发现主成分分析法、因子分析法、模糊数学法、回归分析法以及潜变量模型是较为主流和新颖的测度方法。而哪一种方法更适合本书,下文我们将这五种方法的特点和原理进行

简单介绍,在此基础上引出笔者所选择的测度方法。

1.主成分分析法(PCA)。

影响福利的因素是众多的,我们需要全面、系统地分析问题,因此需要全盘考虑实证研究。这些福利的影响因素一般称为指标,在多元统计的分析中也称之为变量。每个变量在不同方面和程度上反映福利研究的某些信息问题,并且指标与指标之间彼此存在着一定的相关性,因此得到的统计数据在某些信息上会有部分的重叠现象。并且对于福利这种多变量的研究而言,变量越多,计算量越巨大,分析问题的复杂程度也就越高。在处理此类问题时,我们希望在定量分析中用较少的变量可以得到较多的信息量,因此有些学者在进行福利研究时,选择主成分分析(Principal Components Analysis,PCA)这一数据统计分析工具。主成分分析的主要用途就是简化数据集。它通过数学线性变换,把原始数据转换到一个新的坐标体系中去,使得数据投影的方差按照大小的顺序依次在第一坐标(第一大主成分)、第二坐标(第二主成分)上,并依次类推重新建立坐标体系。其最大的特点是保留了低阶的主成分,删除高阶的主成分,保留对数据方差贡献最大的特征向量。其数据计算过程如下:

首先,对原始指标数据的标准化采集 p 维随机向量 $X = (X_1, X_2, \cdots, X_p)^T$,那么 n 个样品 $X_i = (X_{i1}, X_{i2}, \cdots, X_{ip})^T$,$i = 1, 2, \cdots, n, n > p$,构造样本阵,对样本阵元进行如下标准化变换:

$$Z_{ij} = \frac{X_{ij} - \bar{X}_j}{S_j}, i = 1, 2, \cdots, n; j = 1, 2, \cdots, p \tag{3-1}$$

其中 $X_j = \dfrac{\sum_{i=1}^{n} x_{ij}}{n}, S_j^2 = \dfrac{\sum_{i=1}^{n} (x_{ij} - \bar{x}_j)^2}{n-1}$,得标准化阵 Z。

其次,对标准化阵 Z 求相关系数矩阵

$$R = [r_{ij}]_p x p = \frac{Z^T Z}{n-1} \tag{3-2}$$

其中,$r_{ij} = \dfrac{\sum z_{kj} \cdot z_{kj}}{n-1}, i, j = 1, 2, \cdots, p$

再次,解样本相关矩阵 R 的特征方程 $|R - \lambda I_P| = 0$,得 p 个特征根,确定主成分按

$$\frac{\sum_{j-1}^{m} \lambda_j}{\sum_{j-1}^{p} \lambda_j} \geq 0.85$$

确定 m 值,使信息的利用率达 85%以上,对每个 λ_j , $j = 1, 2, \cdots, m$,解方程组 $R_b = \lambda_{jb}$ 得单位特征向量 b_j^0 。

再次,将标准化后的指标变量转换为主成分

$$U_{ij} = Z_i^T b_j^0, j = 1, 2, \cdots, m \tag{3-3}$$

U_1 称为第一主成分, U_2 称为第二主成分, $\cdots$, U_m 称为第 m 主成分。

最后,对 m 个主成分进行综合评价。对 m 个主成分进行加权求和,即得最终评价值,权数为每个主成分的方差贡献率。

利用主成分分析福利的优点主要体现在:首先,可以在保持大部分信息不缺失的情况下,利用降维技术,用少数几个综合变量来代替原始福利的多个变量;其次,通过主成分分析得到的福利综合变量是通过数学的计算而来,是对福利指标的科学客观评价。但其也存在不足,当福利的主成分因子负荷的符号出现正负号时,福利综合评价变量的意义就不甚明朗。

2.因子分析(FAA)。

因子分析(Factor Analysis Approach,FAA)与主成分分析在数据处理上具有一定的类似性。在针对福利影响因素的研究中,其目的都是研究如何在数据丢失最少的前提下,将复杂的原始福利影响因素尽可能转变成为较少的简单福利影响因子,并且保持这些对福利有较强解释性的因子的数学统计方法。因子分析不是将原始的福利变量进行重新的组合,而是将其分解成为公共和特殊两部分的因子。所谓公共因子是潜在的、不可直接观察的因子,其个数较直接观测的原始数据因子少,但是能较全面地代表和描述原有的观察变量。特殊因子指一类观测因子区别于其他观察因子的部分。具体地说,是要找出福利的影响因素中独立的潜在福利影响因子。这种因子一定区别于可直接观测的、具有一定相关性的福利因子。它在福利表达

上有意义,且不能被直接观测到的。其与主成分分析存在的差异还包括:因子分析只能解释部分的变异,主成分分析能解释所有的变异部分。因子分析对福利影响因素的研究具有以下优点:第一,它不是对原始的福利可观测变量进行取舍,而是根据原始观测变量信息进行重新组合,找出影响福利大小的共同因子,将复杂和庞大的观察数据变量简单化;第二,通过旋转使得福利的因子变量更具有可解释性。其缺点是其运算的前提是假设福利因子之间存在着线性关系,并只依据这种的线性关系进行计算和处理,在运用LSM计算单个福利因子得分时,因子分析法可能会无效。

3.回归分析法(RA)。

和数学规划的方法一样,回归分析方法(Regression Analysis)是假设已经通过了某种方法从福利的观察变量的样本中提出了若干福利指标作为特征向量,进而将这些指标变量拟合成为一个可以预测和解释某群体或者个人福利状态的被解释变量。回归分析的运用非常广泛,其中最有代表性的有Logistic回归、线性回归分析、probit回归等方法。其中线性回归的模型就是将大量的观测点数据表现出的数量相关性关系用一条直线进行描述模拟,使福利的目标变量值和福利的实际观测值之间误差尽可能的小。由于回归分析这些特点使其较为容易解释和使用,有很多比较直接的、通用的统计指标来衡量模型的契合程度。其缺点就是对于缺失的数据值不能有效处理,必须通过一定的数据加工和信息转换才能处理。其次,由于模型的估计是以线性和变量的正态分布为前提,因此数据分析仅呈线形关系,对于数据中的非线性关系和变量间的互动关系较难把握,并且模型受样本极值的影响往往比较大[1]。

4.模糊综合评价法(FCEM)。

1970年Bellman和Zadeh[2]提出了"模糊优化"概念,并将此运用于某些模糊因素较多的线性规划领域,开拓了处理此类概念的崭新思路和有效

---

① 黄梦妮:《浅析信用评分模型》,《商场现代化》2008年第545期。

② R.E.Bellman、L.A.Zadeh," Decision-Making in a Fuzzy Environment ", *Management Science*,Vol.17,No.4,December 1970,pp.141-164.

工具。模糊综合评价法（Fuzzy Comprehensive Evaluation Method）是一种基于模糊数学的综合评标方法。该方法根据模糊数学的隶属度理论把定性评价转化为定量评价，即用模糊数学对受到多种因素制约的事物或对象作出一个总体的评价。其特点在于设置模糊函数1为最优评价值，0为最次评价值，其余次优等评价按照0—1的数量程度进行评价，然后依据各类评价因素的特征，确定评价值与评价因素值之间的函数关系（即隶属度函数）。由于模糊综合评价法具有结果清晰、系统性强的特点，能较好地解决模糊的、难以量化的问题，适合各种非确定性问题的解决，因此很多专家学者在福利的研究中选择了此方法。

5.潜变量方程法（LVM）。

选择一种合适的研究工具是进行社会研究时必不可少的一个环节。本书根据研究对象的性质和研究目的、过程来选择合适的研究工具。从研究对象的性质来分析，我们所研究的是城市流转过程中"失地农民"的"福利"，其中"福利"就是我们所研究的基本着眼点，正如前文所提到，"福利"作为一个夹杂主观因素和客观因素的概念，需要我们在测度中兼顾其定义的模糊性和含义的复杂性，这就要求我们所构建的福利模型必须是一个容纳多维度、多指标的模型体系。从研究的目的、过程来看，本书试图建立一个可以衡量失地农民多维福利的指标体系模型。在不知道具体指标内容的前提下，本书对指标的选取和模型的建立首先基于理论上的分析，其次建立理论的模型，然后再结合调查获取的数据，对模型进行检验、分析与修正，最后得到研究的结论。这种研究的方式与过程属于一种探索式的研究。

考虑到以上研究特点，我们选择使用潜变量方程（Latent Variable Modeling，LVM）这一分析方法来作为本书的研究工具。LVM被称为应用统计的第三次革命，它产生于20世纪80年代，90年代冲击了整个社会科学领域。作为一门新兴的量化研究范式，从运用方向上来看，LVM突出的优点是处理复杂的多变量研究数据的探究与分析，具有模组化分析的功能。利用先前所讨论的假设检验与结构化检验的功能，结构方程可以将一系列的研究假设同时构建成一个有意义的假设模型（Hypothetical Model），然后根据实际的观察数据对此进行比较和必要修正,反复进行估计最终得到最佳的拟合模型。Joreskog 称之为生产性研究①。LVM 的出现为研究界对抽象的理论进行实证研究提供了一套严谨的程序,使得研究者可以通过统计分析去检验提出的理论模型(Theoretical Model)。从技术特征性来看,LVM 必须建立在一定的理论基础之上,用于验证某一先期提出的理论模型。与以往的统计方法不同的是,其将测量与分析整合成一个整体,将不可直接观察的概念以潜在变量的形式利用观察变量的模型化分析进行估计,这样不仅可以评估测量的信度与效度,还可以把测量过程的误差包含在分析中将信度的概念整合到路径分析等统计推论的决策中。在检验方面,其涵盖了平均数检验方差分析和线性关系回归分析等多种统计技术。但其对统计的显著性依赖却不明显,因其首先是一个整体的模型比较,参考的并不是单一的参数指标;其次 LVM 发展出多种统计评估指标,使得使用者可以从不同角度进行分析,避免了过度依赖某种指标②。Bollen③ 认为潜变量方程的特点包括:可以同时处理多个因变量因子,允许测量变量和因变量存在残差,可以容纳更多的测量和结构方程并对其之间的关系进行估计,能够测量模型对于数据的适配程度以检验模型的适用性。

综上所述,本书综合比较模糊数学、因子分析等方法分析失地农民多维福利变化这一问题的可能性,从中选择 LVM 作为本书的数学统计工具。因而本方法运用于农地城市流转中失地农民多维福利的研究具有科学合理性和一定的探索性。

---

① Karl G.Jöreskog, Dag Sörbom, *LISREL 8 User's Reference Guide*, Chicago: Scientific Software International, 1996, pp. 29-30.

② 邱皓政、林碧芳:《结构方程模型的原理与应用》,中国轻工业出版社 2009 年版,第 52 页。

③ Kenneth Bollen, *Liberal Democracy: Validity and Method Factors in Cross-National Measures*, Chicago: American Journal of Political Science Midwest Political Science Association, Vol. 37, No. 4, November 1993, pp. 1207-1230.

第二节　失地农民多维福利测度模型的研究

一、潜在变量方程法(LVM)模型的原理

潜在变量模型(Latent Variable Models,LVM)属于多变量统计(Multivariate Statistics),整合了因素分析(Factor Analysis)和路径分析(Path Analysis)两种统计方法,同时检验模型中的各种显性变量和潜在变量、干扰项变量或误差变量之间的关系,进而获得自变量对因变量影响的直接、间接和总体效果。在方程式中包含非随机变量(Nonrandom Variable)、随机变量(Random Variable)和结构参数(Structural Model)。其中随机变量又包括:观察变量(Observed Variable)、潜在变量(Latent Variable)以及干扰项(Disturbance)。结构方程包括两个基本的模型:测量模型(Measured Model)与结构模型(Structural Model)。

1.测量模型。

测量模型由潜在变量与观察变量组成,描述的是潜变量与指标变量之间的关系。所谓观察变量是由量表或者问卷等测量工具所得到的数据,潜在变量是观察变量间所形成的特质或者抽象概念。在社会科学中,有许多假设的构念(Hypothetical Construct)无法被直接测量或者观察得到,如态度、满意度等。在模型中,一个潜在变量必须有两个以上的观察变量来估计,不同的观察变量之间的协方差,反映了潜在变量的共同影响。观察变量受到特定潜在变量的影响,使得观察变量分数呈高低的变化,通常每个观察变量多少会有不同程度的测量误差或者残差[1],如图 3.1 所示:

上述测量模型的回归方程式具体表达如下:

$$X_1 = \lambda_1 \zeta_1 + \delta_1$$

$$X_2 = \lambda_2 \zeta_2 + \delta_2$$

---

[1]　荣泰生:《AMOS 与研究方法》,重庆大学出版社 2009 年版,第 57 页。

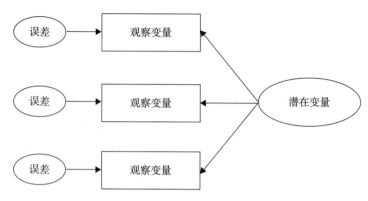

图 3.1 观察变量与潜在变量的模型图

$X_3 = \lambda_3 \zeta_3 + \delta_3$

用矩阵方程可以表示为：

$X = \Lambda_x \zeta + \delta$

其中, X 为观察变量, δ 为误差项, ζ 为潜在变量, λ 为潜变量对观察变量的因素负荷量, 在测量模型中 δ 与 ζ 不相关, Λ_x 为因素负荷量。

2.结构模型。

结构模型即潜在变量间的因果关系说明, 作为原因的潜在变量成为外因潜在变量, 和作为结果的内因潜在变量。在此模型中只有测量模型, 而无结构模型的回归关系, 为验证性因素分析; 反之, 只有结构模型而无测量模型的, 则相当于传统的路径分析(Path Analysis)。结构方程类似于多元回归方程, 但是与传统的回归方程不一样的是, 结构方程允许处理多组方程式, 并且还可以估计观察值的误差。在回归分析中, 残差与自变量之间是相互独立关系, 而结构方程则允许其之间存在联系。

上述潜在变量间的结构方程具体表达如下:

$\eta_1 = \gamma_1 \zeta_1 + \zeta_1$

$\eta_2 = \beta_1 \eta_1 + \gamma_2 \zeta_1 + \zeta_2$

结构模型用矩阵表示:

$\eta = B\eta + \Gamma\zeta + \zeta$

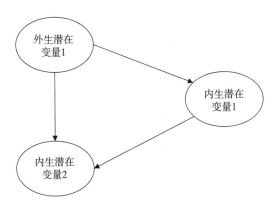

图 3.2　潜变量之间结构方程图

其中 η_1、η_2 为内生潜在变量 1 和 2，ζ_1 为外源潜在变量 1，λ_1 和 λ_2 分别是外源潜在变量 1 对内生潜在变量 1 和外源潜在变量 2 的回归系数，ζ_1 和 ζ_2 分别为内生潜在变量 1 和内生潜在变量 2 的残差，B 为内生潜在变量与内生潜在变量之间的结构系数矩阵，Γ 为外源潜在变量与内生潜在变量之间的结构系数矩阵。

综上所述，一个完整的潜变量方程模型包括结构方程和测量模型，其简易的关系图如 3.3 所示。

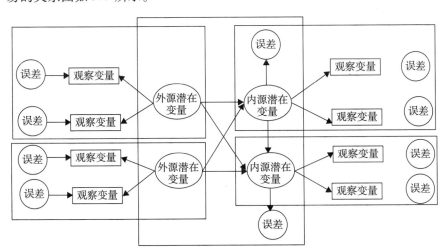

图 3.3　完整的潜变量方程模型图

四周的四个方框内为测量模型,中间的方框内为结构模型。

3.模型的求解

假设一个简单的潜变量模型,包含测量方程和结构方程两个部分内容,对其进行矩阵描述是:

$$\begin{pmatrix} x_1 \\ x_2 \end{pmatrix} = \begin{pmatrix} 1 \\ \lambda_1 \end{pmatrix} (\zeta_1) + \begin{pmatrix} \delta_1 \\ \delta_2 \end{pmatrix}$$

$$\begin{pmatrix} y_1 \\ y_2 \end{pmatrix} = \begin{pmatrix} 1 \\ \lambda_2 \end{pmatrix} (\eta_1) + \begin{pmatrix} \varepsilon_1 \\ \varepsilon_2 \end{pmatrix} \tag{3-1}$$

$$(\eta_1) = (\gamma_{11})(\zeta_1) + (\zeta_1)$$

式 3-1 的协方差矩阵为:

$$\sum(\theta) =$$

$$\begin{pmatrix} \lambda_{11}^2 \varphi_{11} + \psi_{11} + Var(\varepsilon_1) & & & \\ \lambda_2(\gamma_{11}^2 \varphi_{11} + \psi_{11}) & \lambda_2(\gamma_{11}^2 \varphi_{11} + \psi_{11}) + Var(\varepsilon_2) & & \\ \gamma_{11}^2 \varphi_{11} & \lambda_2 \gamma_{11}^2 \varphi_{11} & \varphi_{11} + Var(\varepsilon_1) & \\ \lambda_1 \gamma_{11}^2 \varphi_{11} & \lambda_1 \lambda_2 \gamma_{11}^2 \varphi_{11} & \lambda_1 \varphi_{11} & \lambda_1^2 \varphi_{11} + Var(\varepsilon_1) \end{pmatrix}$$

求解参数即为:

$$\theta = (\lambda_1 \quad \lambda_2 \quad \gamma_{11} \quad \varphi_{11} \quad Var(\varepsilon_1) \quad Var(\varepsilon_2) \quad Var(\delta_1) \quad Var(\delta_2) \quad \psi_{11})$$

在这个过程中,模型假设:残差(误差)项、残差(误差)项以及因子项和因子项之间不相关,因子和残差之间相关系数为 0;残差(误差)项均值为 0。在此假设前提下进行方程的求解参数,使得样本尽量与矩阵拟合。

$$\sum(\theta) = \begin{pmatrix} \sum_{YY} & \sum_{XY} \\ \sum_{XY} & \sum_{XX} \end{pmatrix} \tag{3-2}$$

其中:$\sum_{XX} = \Lambda_X \Phi \Lambda_X' + \Theta_\delta$,$\sum_{YY} = \Lambda_Y \Phi \Lambda_Y' + \Theta_\varepsilon$,$\sum_{XY} = \Lambda_Y B \Gamma \Theta \Lambda'$

公式中新出现的符号表述为:Λ_X 外生变量的因子载荷,Λ_Y 内生变量因子载荷,Θ_δ 外生变量的残差协方差矩阵,Θ_ε 内生变量的残差协方差矩阵,Γ 外生变量与内生变量的回归系数矩阵,B 内生变量与内生变量之间的回归系数矩阵, Φ 外生变量之间的协方差矩阵, Ψ 内生变量之间的协方差矩阵。

二、失地农民多维福利测度模型的构建

以观察变量作为潜在变量的指标变量,根据指标变量性质的不同,可以划分为反映性指标(Reflective Indicators)与形成性指标(Formative Indicators)。反映性指标是指一个以上的潜变量构念,是引起观察变量的因,观察变量是潜在变量下成因的指标,此种指标反映其对相应的潜在变量,此时,指标变量为果,而潜在变量为因;形成性指标则是观察变量和潜在变量因果互换的情况①。在 LVM 模型中需要对变量是外因或外衍变量(Exogenous Variables)还是内因或内衍变量(Endogenous Variables)的性质进行界定。外因变量是指在模型中未受到其他任何变量影响,却直接影响别的变量的变量,内因变量指在模型中未受到任一变量影响的变量。

1.影响因素性质的界定。

结合本书中的构念(Construct)——失地农民多维福利来分析,构念是难以观察和测量的,并包含了许多抽象的观念,因此我们定义失地农民的福利属于内生潜在变量,且无法直接获取数据的,需要通过其他的外源变量进行测量分析。

根据前面第三章的分析我们将影响失地农民多维福利的因素分为:健康状况、居住状况、社会参与支持状况、工作状况及社会公平状况这 5 个变量。其中健康状况、居住状况、社会参与支持状况、工作状况可以通过直接的观察来得到观测变量,进行测量,因此属于外源潜在变量。而社会公平状况则与居住与状态、工作状态,以及社会参与支持状态息息相关,这些外源潜在变量对其有着一定的影响关系,因此界定社会公平状态为内生潜在变量,当然福利状态也同样为内生潜在变量。

---

① 吴明隆:《结构方程模型——AMOS 的操作与应用》,重庆大学出版社 2010 年版,第 65 页。

　　在最初的潜变量方程模型中,考虑到潜在变量的观察变量不能低于2—3个,且在数据处理后会对于一些观察变量进行取舍,我们根据以往问卷设计的经验做法,在设计问卷时会多设计1.5—2倍的观察变量进行数据调查,因此对于每个外源潜在变量设计4—6个不等的观察变量进行数据收集。模型中包含观察变量共计36个,分别为:身体外四肢体是否健康、身体内器官是否健康、平均每年看病次数、看病花费情况、休闲时间情况、休闲方式、居住房屋单层面积、房屋结构、厕所是否是自动冲水式、消毒过的饮用水、室内地面平整、室内家电家具以及装修情况、噪音情况、空气质量、配套设施、知晓村中重大事件状况、是否有人告知征地程序、是否有人询问征地意见、如果是完全失去土地,是否享受到与市民相同的待遇、养老方式、在生活中是否有人倾听您的意见、现在工作报酬满意程度、发展前景程度、稳定程度满意、非农就业状况、国家制定的补偿额度是否公平、耕地面积的丈量是否公平、房屋还建的面积是否公平、征地补偿款分配是否公平、子女受教育的机会是否公平、失地后再就业机会是否公平、收入满意程度、生活保障满意程度、被他人认可满意程度、对休息时间的满意程度、对个人健康的满意程度、对生活的全部状态的满意程度。

　　其中利用身体外四肢体是否健康、身体内器官是否健康、平均每年看病次数、看病花费情况、休闲时间情况、休闲方式5个指标来测量健康状况;居住房屋单层面积、房屋结构、厕所是否是自动冲水式、消毒过的饮用水、室内地面平整、室内家电家具以及装修情况、噪音情况、空气质量、配套设施9个指标来测量居住状态;知晓村中重大事件状况、是否有人告知征地程序、是否有人询问征地意见、如果是完全失去土地,是否享受到与市民相同的待遇、养老方式、在生活中是否有人倾听您的意见6个指标来测量社会参与支持状态;现在工作报酬满意程度、发展前景程度、稳定程度满意、非农就业状况4个指标来测量工作状态;国家制定的补偿额度是否公平、耕地面积的丈量是否公平、房屋还建的面积是否公平、征地补偿款分配是否公平、子女受教育的机会是否公平、失地后再就业机会是否公平6个指标来测量社会公平状态;收入满意程度、生活保障满意程度、被他人认可满意程度、对休息时间的满意程度、对个人健康的满意程度、对生活的全部状态的满意程度来测度对福利的满意状态。

2.影响因子与福利之间路径图的构建。

根据上一节的分析对失地农民多维福利与影响因子之间的测量模型和结构模型进行构建，其中失地农民多维福利的测量模型矩阵方程分别为：

$$X_j = \Lambda_{xj}\xi_j + \delta_j \; ; \; X_j = \Lambda_{xz}\xi_z + \delta_z \; ; \; X_j = \Lambda_{xc}\xi_c + \delta_c \; ; \; X_j = \Lambda_{xg}\xi_g + \delta_g \; ; \; X_j = \Lambda_{xp}\xi_p + \delta_p \; ; \; X_j = \Lambda_{xf}\xi_f + \delta_f$$

模型矩阵方程中 X_j 为健康状态变量的观察变量矩阵，δ_j 为误差项矩阵，ξ_j 为影响失地农民多维福利的健康状态的潜在变量矩阵，Λ_{xj} 为健康状态因素负荷量矩阵，以此类推得可以得到：X_z 居住状态，X_c 社会参与与支持，X_g 工作，X_p 社会公平以及 X_f 失地农民多维福利的测量模型矩阵以及各自公式符号代表的含义。

失地农民多维福利的结构模型方程为：

$$\eta_f = \beta_p\eta_p + \gamma_{j1}\zeta_j + \gamma_{z1}\zeta_z + \gamma_{c1}\zeta_c + \gamma_{g1}\xi_g + \xi_1$$
$$\eta_p = \gamma_{z2}\zeta_z + \gamma_{c2}\zeta_c + \gamma_{g2}\xi_g + \xi_2 \tag{3-3}$$

其中 η_f，η_p 为内生潜变量，代表失地农民多维福利和社会公平，γ_{j1} 和 γ_{j2}，γ_{z1} 和 γ_{z2}，γ_{c1} 和 γ_{c2}，γ_{g1} 和 γ_{g2} 分别是外源潜在变量健康状态，居住、社会参与与支持、工作对内生潜在变量失地农民多维福利和社会公平的回归系数，β_p 为内生潜在变量社会公平对失地农民多维福利的回归系数，ξ_1 和 ξ_2 分别为失地农民多维福利和社会公平的残差。AMOS7.0 软件构建影响因子与失地农民多维福利之间的测量模型和结构模型图如图 3.4 所示。

其中各种图形符号的解释：测量变量以长方形来表示；潜在变量以椭圆的符号来表示；圆形符号为残差；单箭头表示两个变量具有假设性的线性因果或预测关系，有直接的联系。双箭头表示参数不带有特定方向，即变量之间虽然具有关系，但是无法确定其影响方向。箭头指向的变量为内生变量，表明其受到另外变量的影响，反之为外源变量，外源变量在模型中不受其他任何变量的影响，但影响其他变量。

本章是对失地农民多维福利影响因素理论模型进行实证研究前的一个

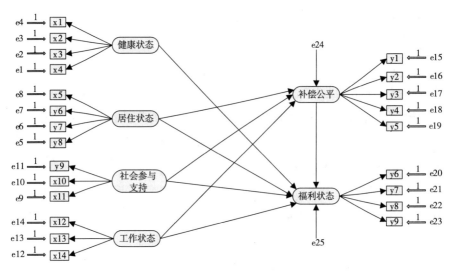

图 3.4　失地农民多维福利影响因素潜变量方程图

过渡性章节。在此章中,我们讨论了微观个体福利测度的计量方法,比较了在以往研究中使用的主成分分析法、因子分析法、回归分析法、模糊综合评价法以及潜变量方程法在福利测度中应用的优劣势,得出潜变量方程法是目前较为前沿和适合的计量方法。随后,针对潜变量方程法的结构、原理以及模型的求解进行了简单介绍,运用 AMOS7.0 软件,构建了失地农民多维福利影响因素的潜变量方程模型路径图,清楚地标示出观测变量、内生潜在变量以及外生潜在变量之间的逻辑关系。

　　一个科学的研究过程,包括理论论证和实证研究两个部分。理论研究的产物在于理论模型的建立,而实证研究的重点则在于如何计划收集和分析数据来对理论模型的假设进行检验。在下一章节中,我们将进入研究的重要环节——社会调查实证研究部分。我们认为,对于数据收集的规划过程是十分重要的,将直接关系到数据的收集是否有效。存在缺陷的规划会导致时间和经费的严重浪费,因此规划的设计需要认真对待。社会调查的基本过程包括:根据理论设计问卷、选择目标群体、抽样方法和样本量确定、问卷的预调查与处理、问卷的正式调查、调查数据的使用前处理、调查数据的检验、模型的拟合和模型的修正,最终得到研究的结果。

第四章　失地农民多维福利影响
因素与测度的实证研究

　　科学研究的一般过程是一个从观察、抽象然后进行验证的过程,近代社会科学的研究越来越强调知识必须建立在观察和实验的经验事实上,通过经验观察的数据和实验研究的手段来揭示一般结论。因此我们在理论推理之后往往需要再通过对研究对象大量的观察、实验和调查,获取客观材料,从而归纳出事物的本质属性和发展的规律。在此过程中,除了强调有坚实理论基础,更强调社会实证研究的科学性与严密性。在第三、四章中,我们通过对文献的回顾,从基础理论的角度对影响失地农民多维福利的因素进行了探究,得到了本书的理论模型。在本章中,我们需要对其进行实证研究的验证,计划如何收集和分析数据来检验假设理论模型。在实证研究中对于数据采集的规划是十分重要的,是收集到合适数据的保证。本章内容大体可以分为两部分,前一部分说明如何设计实证研究调查,以获得符合研究目的的数据,包括根据理论模型设计问卷,确定目标群体、抽样方法与样本数量、问卷预调查、问卷再修改、大规模正式调查;后一部分说明如何对采集的数据进行处理和分析以及再思考,包括对调查区域的描述,数据的处理、参数检验、模型修正,实证结果的分析。

第一节　问卷的设计

　　如何根据研究的目的和理论,设计出符合要求的失地农民多维福利影

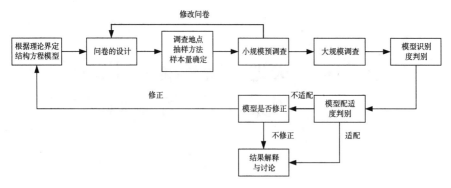

图 4.1 实证研究基本过程

响因素和测度研究的调查问卷,笔者主要从以下几个方面进行考虑:

一、问卷内容和选项的设计

设计问卷的内容是调查问卷设计的关键和核心。在问卷内容的设计上需要考虑到各方面的因素对问卷造成的误差,其中较常见的问题有我们称之为社会称许性反映倾向(Social Desirability Responding Tendency)①的问题。在日常生活中,我们面临了各种社会规范的影响,什么样的态度是社会提倡的、什么样的态度是社会反对的,这些规范导致人们在接受问卷调查时会考虑自己的态度或者行为是否与这些规范相符,从而否认自己的真实想法,达到自我保护的一种非意识性掩饰。这种掩饰对数据的调查产生了一定的偏差,尤其对于中国人具有的好面子的传统而言,偏差则更为明显,需要加以注意和控制。因此,我们首先需要考虑问卷问题的作答次序,做到:被访者在调查前能够清楚明了调查的研究目的和要求(写明是以学术为目的以及保密的);调查的问题由浅到深,先一般再特别,循序渐进;相同方向的问题进行归类,问卷内容有序有类,并设计问题进行呼应印证;对于敏感性问题需要放置问卷末端,等做题的过程中建立了一定的互信关系后作答效果更优。其次,需要考虑到问卷的每一个问题,其内容是否与研究主题和研究变

---

① Edwards, A.L., *The Social Desirability Variable in Personality Assessment and Research*, Ft Worth, TX, US: Dryden Press, 1957, p. 108.

量有关(Relevance)？测度项要保证"问了该问的问题"以及"问清了该问的问题",从而保证问卷调查后提供了研究所需的信息内容,也就是问卷的内容效度(Content Validity)。最后,在问卷的措辞中应考虑到避免出现学术化的用语,问题要清晰易懂,不能含糊其辞;问题项要简单明了,杜绝测度项不完整或者测度项包含多重问题的现象,从而保证问卷设计的科学性和有效性。

1.问卷所包含的内容。

在具体设计失地农民多维福利影响因素和测度社会调查问卷的过程中,综合考虑上述问卷设计的原则,将调查问卷的内容大体分为三个部分:被调查人口的统计学特征问题、森的可行性能力分析框架下失地农民多维福利理论模型中的功能性指标向量问题以及相关辅助变量问题。

在正文部分我们将问卷分为九个部分:第一部分为农户以及家庭特征数据的收集,主要收集农户家庭人口数、受教育程度、性别、职业、年龄等基础数据。第二部分到第六部分为组成失地农民多维福利的功能项性活动:第二部分我们询问健康与休闲状况,设计 5 个选项来测量,其中健康状态设计 6 个问题进行询问:身体外四肢体是否健康、身体内器官是否健康、平均每年看病次数、看病花费情况以及休闲时间情况、休闲方式。第三部分询问居住状态,其中住房的状态通过居住房屋面积、房屋结构、厕所是否是自动冲水式、消毒过的饮用水、室内地面平整和室内家电、家具及装修情况 6 个问题来测度,以噪音情况、空气质量及配套基础设施 3 个问题衡量住房周边的居住环境。第四部分调查社会参与支持状态。设计的 6 个问题分别是知晓村中重大事件状况、是否有人告知征地程序、是否有人询问征地意见、如果完全失去土地是否享受到与市民相同的待遇、养老方式、在生活中是否有人倾听意见。第五部分是工作与就业情况,询问现在工作报酬满意程度、发展前景、稳定满意程度以及非农就业状况。第六部分是对社会公平状态的调查,通过国家制定的补偿额度是否公平、耕地面积的丈量是否公平、房屋还建的面积是否公平、征地补偿款的分配是否公平、子女受教育的机会是否公平、失地后再就业机会是否公平 6 个指标来测量社会公平状态。在第七部分设计询问家庭特征数据收入与支出状况,设计的 6 个问题包括:每月人均花费、每月食物支出、现在每月收入、征地补偿款每亩标准额度、征地补偿每亩发放到手额度、征地补偿内容来测度收入与支出状态。在最后第八部分询问农民对自己福利状态的满意程度,设计的 6 个问题包括:收入满意程度、生活保障满意程度、休息满意程度、个人健康满意程度、被他人认可满意程度、对生活全部状态满意程度来测度。第九部分填写当地征地后的补偿措施实施的情况,以及具体补偿的内容,并使部分拥有土地和完全失去土地农民区分填写。

2.问卷的措辞。

正如前文所提到的,在问卷的调查中,需要将问卷的信息完全清晰地转达给被访者,然后从被访者回馈的信息中,得到我们所需的数据资料,这就要求问题文字表述的易懂和精确性。在具体用语的使用方面,例如在身体健康方面,用"体外四肢健康状态"与"身体内器官健康状态"来准确定义身体各个部位的健康,将考察失地农民社会支持的问题,表述为"生活中是否有人与之交谈,倾听意见"等等这些用词,都力求使失地农民能够听懂理解。

3.问卷内容顺序。

问卷内容的排序方面,首先在问卷的开始部分简单介绍了我们研究者的身份、进行问卷调查的目的,以及可能与哪些利益群体相关。让失地农民明了调查的方向以及消除被调查者因为某些原因而不能真实答卷的顾虑。其次,对于调查内容的安排,按照理论模型建立的失地农民多维福利影响的功能性内容将问题分为八个部分。先询问较为简单的家庭特征数据,接下来是身体健康状态、居住状态,最后询问较为复杂的各种主观感受问题。考虑到家庭收支情况为较敏感的话题,在还未与被调查者产生一定互动互信关系时,首先询问会影响答卷质量,因此将家庭收支情况的问卷放到第七部分。

二、问卷评定量表选择

在考虑问卷的内容、措辞和排序后,我们还需要就问卷的答案方式进行思考。从答案的方式来看,选项可以分为:开放式的、半开放或者封闭式,主观式或客观式,序列性或者连续性。从文献的回顾中发现对于心理计量的研究常用主观的封闭式的问题。这是由于一个心理变量需要多个问题来衡量,而心理变量的含义比较丰富,常常含有几个方面的意思,且无法直接测量,只能通过调查对象对一系列问题的反映来间接体现。在心理学计量中的评价量表主要有评定量表(Rating Scales)和态度量表(Attitude Scales)。评定量表是受测者针对一个人或者其他现象在一个连续带上的某一点对单一维度加以评估,然后再对其所评估的那一点指派一个数值。态度量表是受测者对于某种现象或对象的倾向或感觉的一系列测量工具。态度量表有李克特量表法(Likert Scale)、语义差别法(Semantic Differential)以及 Stapel尺度法。在社会学调查中对于李克特量表法的运用较多,因此选择李克特量表法来对本书问卷的主观问题进行设计。

对于李克特量表法的刻度细度要求应至少不小于 3 个的奇数项(偶数无法选择中立项答案),根据不同研究内容的不同需求选择 3 分、5 分、7分、11 分乃至更高量表。在本问卷中考虑到 3 分量表的区分度较小而 7 分量表的选择项较为复杂,因此选择使用 5 分量表,从"很不满意"(给予 1 分评价)到"非常满意"(给予 5 分评价),来对失地农民的福利的某些主观态度进行调查。

第二节　目标群体、调查方法、抽样
方法与样本量的确定

确定了问卷的内容与选项后,下一步需要对目标群体进行定位并确定社会调查的具体实践方法,抽样的方法以及样本数量的大小进行选择和考虑。

一、目标群体、调查方法、抽样方法的确定

1.目标群体的确定。

所谓调查的目标群体(Target Population)指根据研究模型想要应用的

范围,确定模型的适用性范围的过程。在本书中,我们所建立的模型将应用于失地农民多维福利的研究。因此本书的目标群体应该是在城市化的进程中,由于农地城市流转而失去土地的农民群体。而农地的城市流转多发生在城市边缘,因此调查的主要人群和区域地点集中在城市的外缘地带或城乡交错地带的失去土地的农民。

2.调查方式的确定。

确立了调查的目标群体后,我们需要选择一个合适的抽样方法(Sampling Method)来进行数据的收集。通常而言,一个调查可以选择不同的方式收集数据,较为常见的方法包括:自助填表式(Self-administered Survey)是将问卷邮寄给对方,但是要求对方有较高的专业水平;电话调查(Phone Survey),通过电话黄页随机挑选对象,在对方允许的前提下,进行问卷的逐一作答,时间不能太长。面对面调查(Interview)要求研究者与每个对象通过面对面的方式收集数据,好处是可以当面澄清疑点,数据质量高,缺点是费时费力。由于本书不仅对于调查的区域有要求,而且对调查者身份也有着严格限制,电话调查方式无法甄别这些信息,因而不予选择。而对于自助填表式而言,虽然本书的问卷内容在设计上尽量清晰明白,但是要求失地农民能独立并且正确地理解全部问卷内容,显得不太现实,由此得到的问卷数据可能不理想。因此我们在对调查人员进行专门的问卷相关调查训练后,再深入田间地头与农民就问卷内容进行面对面的访谈,从而获取真实的、质量较高的数据。

3.抽样方法确定。

在本书的研究中,我们研究的是失地农民这个群体(Population),感兴趣的是其福利的影响因素,但是收集失地农民群体每个人的相关福利数据,从时间和财力上来说显然是困难且不可能实现的。因此我们需要通过抽样(Sampling)的方法,从失地农民群体这个全集中得到若干样本,集合起来得到一个具有代表性的子集。在选择了实地面对面的调查方式后,抽样意味着选取一部分人进行询问和采访,通过对这一部分失地农民多维福利的调查,省时省钱且得到具有"代表性"的数据。在确定研究群体(Study Population)为失地农民,抽样范围(Sampling Frame)为城乡交错区域后,我们选择非概率抽样(Non-probability Sampling)中的典型案例(Typical Cases)与概率抽样(Probability Sampling)中的多层抽样(Multistage Sampling)相结合的方法。首先通过典型案例法选择具有典型而不极端的区域内的失地农民群体进行研究,再对确定区域进行初级抽样单元确定,最后对每个初级抽样单元进行简单随机抽样。结合本书而言,就是选择武汉市城市边缘的若干个城区后再随机对征地后的村庄和村庄中的农户进行调查。

二、调查样本量的确定

在确定调查样本量之前,首先需要确定模型使用的参数方法。在 LVM 方程中有 7 种模型法方法:极大似然法(Maximum Likelihood, ML)、未加权最小二乘法(Unweighted Least Squares, ULS)、一般最小二乘法(Generalized Least Squares, GLS)、一般加权最小二乘法(Weighted Least Squares, WLS)、对角线加权平方法(Diagonally Weighted Least Squares, DWLS)、工具变量法(Instrumental Variable, IV)和两步最小二乘法(Two-stage Least Squares, TSLS)。使用合适的估计方法和足够大的样本所产生的估计值才会接近真正的参数值[①]。在 AMOS7.0 中估计方法有:ML 法、GLS 法、ULS 法、AFLS 法、ADLS 法。选择适当的估计方法与统计技术时,应同时考虑样本的大小、正态性与独立性假设等[②]。在样本数量较为丰富,且数据符合正态和独立性假设时,研究者最好选取 ML 法和 GLS 法。本书选取的目标群体数据符合正态和独立假设,且 ML 为 AMOS7.0 中使用最广内定之模型估计法,因此选择 ML 法为研究的参数估计方法。ML 法的主要思想就是,如果在一次观察中出现了一个事件,那么我们就可以认为此事件出现的几率或概率会很大。

---

①　Karl G.Jöreskog, Dag Sörbom, *LISREL 8 User's Reference Guide*, Chicago：Scientific Software International, 1996, pp. 29-30.

②　Tabachnick B.Fidell, *Using Multivariate Statistics*, USA：Pearson Education, March 2006, pp. 135-257.

在选择了 ML 法作为研究参数估计方法后,考虑到对于参数估计方法与样本大小之间的关系:Hu[1] 发现使用 ML 法适合于大中规模的样本数量,最好大于 500,而 GLS 对于较小的样本(小于 500)会得到较佳的估计结果。且一般行为研究中认为,样本数量需要高于 200,结合模型复杂程度考虑样本数量为测度项的 5 倍以上,理想情况为 10 倍以上。综上所述,再考虑到样本回收率,以及一些样本可能无效的前提下,得到本书预定样本数量为600 份。

第三节　问卷的预调查

由于大规模问卷调查时间长、人力物力花费高,一旦展开发现问题后,想再次进行调查所需花费不菲,因此有必要在问卷进行正式的调查之前,对设计好的问卷进行预调查(pretesting)。

一、问卷的预测试

我们根据森[2]的可行性能力分析框架、公平正义理论、农地城市流转相关理论结合失地农民福利实际状态而设计出问卷。在正式的大规模调查前,选择武汉市洪山区进行了样本份数为 30 份的预调查。目的是分析受访者对问卷的反映,以期尽早发现可能隐藏的问题。预测试主要检验的问题包括:内容是否恰当? 问题类型是否恰当? 问题用词是否明了? 问题次序是否合乎逻辑? 问题的尺度是否合适? 笔者与受过专业培训的调查员就问卷涉及的方向与问题直接与被调查者沟通,有目的地了解并记录下被调查者对于各类问题的反映及其回答的形式。调查之后组织专门的讨论会对发

① Reznick A.Z., Cross C.E., Hu M.L., et al., "Modification of Plasma Proteins By Cigarette Smoke As Measured By Protein Carbonyl Formation", *Biochem*, 1992, pp. 607−611.

② Sen. A. K., "Well-being, Agency and Freedom: The Dewey Lectures", *Journal of Philosophy*, Vol. 82, April 1984, pp. 169−183.

现的各类问题进行焦点小组讨论(focus group discuss),并根据讨论结论对问卷进行了再次修改。

二、预调查对问卷的修改

根据对预调查过程中实地调查反馈的信息以及焦点小组讨论的结论来看,失地农民对于此问卷语义理解的字面效度(face validity)较为理想,被调查的失地农户对于涉及的内容基本能够较全面和正确的理解并回答。因此对于问卷的修改主要针对一些不恰当的用语,如:在第三部分第3题由"您家是否有封闭式卫生间"改为"您家厕所是否是自动冲水式";针对由于问题概念模糊设计而引起回答歧义的问题,如:在第一部分受访农民以及家庭的基本特征部分,将"您家人口数"、细化为"家庭户口数"、"在家生活人数"以及"外出打工人数"三个问题;修改了部分问题选项的用词和次序使之更适合现实的状况,如:在第三部分第10题,厨房使用燃料问题中将"A.柴木　B.煤气　C.天然气"三个选项改为"A.薪材　B.煤　C.煤气、沼气",在第四部分第5题的养老方式中,将"集体"和"国家"选项内容改为"农村社保"和"城市社保"等。对问卷进行预调查(pilot test)结合实际调查的回馈信息对问卷进行修改,可以达到提高问卷的内容效度(content validity)的目的。

第四节　正式调查与调查数据的
预处理、描述性统计

一、调查区域的选择

本书的实证选择武汉市非核心主城区的失地农民作为研究的对象。武汉全境面积达 8494 平方公里,为湖北省面积的 4.6%。武汉市位于江汉平原东部,地处东经 $113°41′$—$115°05′$,北纬 $29°58′$—$31°22′$,东端在新洲区柳河乡将军山,西端为蔡甸区成功乡窑湾村,南端在江夏区湖泗乡刘均堡村,北端至黄陂区蔡店乡下段家田村。

图 4.2 武汉在湖北省的方位

武汉市现有 13 个辖区,其中江岸区(07)、江汉区(08)、硚口区(09)、汉阳区(10)、武昌区(11)、洪山区(06)、青山区(12)为主城区(7 个,皆位于三环线内),7 个城市辖区面积 863 平方公里,武汉三环线(中环线)内的城区面积 684 平方公里。东西湖区(02)、蔡甸区(03)、江夏区(05)、黄陂区(01)、新洲区(13)、汉南区(04)为郊区(6 个,皆位于三环线外),外环以内面积 1171.70 平方公里。截至 2009 年年底建成区面积为 475 平方公里。13 个辖区中黄陂区面积最大为 2261 平方公里,江汉区面积最小为 33 平方公里,主城区中洪山区面积最大达到 502 平方公里。

经过改革开放的大规模经济建设,武汉市各个区县的国民经济和各项社会事业取得了长足的进步。但是由于武汉市辖区面积较大,区域经济发展的重心和先后不一,因此各个区域的经济发展存在比较差异。尤其是武汉市核心城区与外缘 6 个城区之间差距更为明显。在前文我们提到,城乡生态经济交错区是城市生态经济系统和农村生态经济系统的交接地带,城乡矛盾、城乡土地利用竞争、土地投机行为表现最剧烈的地段①。因此,本

---

① 张安录:《城乡生态经济交错区农地城市流转机制与制度创新》,《中国农村经济》1999 年第 7 期。

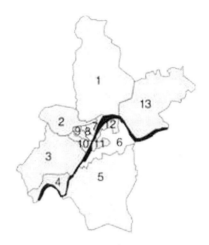

图 4.3　武汉市行政区划图

书的研究具体调查区域选择了武汉市的蔡甸、江夏、黄陂、新洲、东西湖区 5
个边缘远城区和洪山区一个较边缘的主城区进实地调查。这 6 个区处于城
市化进程的不同阶段,其经济发展水平、农地城市流转的方向和速度以及产
业体系发展的侧重点有所差异,对于研究不同特征背景下农地城市流转中
失地农民的福利状态有一定的区分作用。6 区具体土地利用情况和社会发
展情况如表 4.1 和表 4.2 所示。

表 4.1　调查区域土地利用分类面积　　　　（单位:公顷）

	耕　地	园　地	林　地	草　地	城镇村及工矿用地	交通运输用地
洪山区 a	12272.33	496.38	3018.68	156.99	16865.98	1980.96
洪山区 b	13553.24	778.5467	2397.8	14.53	14207.22	1396.06
东西湖区 a	18237.89	913.33	1587.02	256.69	8280.76	2632.67
东西湖区 b	18458.93	2548.54	1390.62	0	8150.673	1642.44
蔡甸区 a	43261.58	328.28	8637.35	221.04	15710.57	3207.06
蔡甸区 b	45010.14	453.76	5762.367	0	15695.19	1989.553
江夏区 a	76205.11	2676.98	22788.22	1135.52	23389.83	5276.94

续表

	耕　地	园　地	林　地	草　地	城镇村及工矿用地	交通运输用地
江夏区 b	76323.04	3112.867	19568.23	0	21868.91	3296.133
黄陂区 a	92738.94	2477.65	48601.64	1677.34	22885.52	5805.44
黄陂区 b	96996.55	2631.407	47934.19	270.4733	20112.19	3762.487
新洲区 a	64240.6	1301.88	11840.84	425.4	14932.84	3800.91
新洲县 b	71746.78	3015.533	8787.26	0	15073.04	2050.06

数据来源:a 为 2009 年第二次全国土地调查基准数据,b 为 2008 年变更调查数据。

表 4.2　调查区域社会经济发展情况表

	洪　山	东西湖	蔡　甸	江　夏	黄　陂	新　洲
生产总值(亿元)	345	187.5	115.88	199.06	215.5	201.56
农业产值(亿元)	11.36	17.08	27.03	57.01	68.96	49.94
工业产值(亿元)	377.7	261.52	201.66	152.99	124.31	119.9
建筑业产值(亿元)	230.18	148.22	42.36	38.81	70.64	187.6
固定投资(亿元)	230.5	172.14	74.61	137.67	135.55	121.32
人口(万人)	87.84	26.38	44.90	63.70	112.91	99.07
农村居民收入(元)	8800	7457	7033	7128	6753	6682

数据来源:武汉市 2009 年年鉴。

二、调查数据初步处理

在得到原始的调查数据后,并不能将其直接放入 AMOS7.0 中进行运算,因为理论模型以及数学统计数据之间的转换还存在着一定的隔阂和理解的差异,需要对其进行初步的处理。使其在理论上和数据统计上与研究的表达更为贴切。主要的处理内容可以分为以下两个部分(详情见表 4.3):

1.对调查得到的原始变量数据进行再次加工,得到代表性更强且更能避免偏差干扰的新的变量数据。在住房与环境中,新增观察变量人均住房面积变量,通过对原始数据中的户口人数、单层面积、层数进行计算,避免了因为人数的原因造成房屋面积过大的信息偏差,并在此基础上考虑同期城镇和农村居民居住面积以及调查数据对数据进行重新各自归档;在家庭特征数据的收入与支出情况中,新增人均花费、人均食物花费和人均收入这三个变量,通过对调查数据中的总花费、总食物支出、总收入、在家人口以及户口本人口分别进行计算,避免了由于外出人口收入、外出人口食物支出没有计算在调查之范围而引起的计算结果误差,并根据当地相应的消费或者收入水平以及调查数据的范围、频数等将计算得到的收入、支出额度划分为5档,最后进行归类赋值处理。

　　2.对调查变量和原始数据进行进一步转换和重新定义。调查问卷的数据形式与AMOS7.0中数据的计算和逻辑处理还存在一些差异,比如调查问卷中收入数据为几百上千,而其他的为一至五,统计上认为这两项在数量上差距很大。如果不处理其也就理解为收入引起的福利为其他项福利的几十倍。为了减少由于这种差异而引起的正态检验的峰度和偏度的误差,需要对原始数据和变量进行进一步的修正和定义。在健康与休闲中,将身体外健康和内健康的两步问题合并起来,身体没有问题表示其福利状态好,因此赋值5,有一样有问题则降低一档赋值4,依次类推;看病次数越多表示身体健康的可能性越低,因此0次赋值5,依次类推;对休闲问题,将天数转换成为月数后,再根据调查问卷中大体的休闲时间分布和休息的规律将12个月划分为5档,按照休息的月数进行1—5重新排序;对于调查问卷中的是否,一般而言重新定义为2=是,1=否,因为大多数代表是否有某项权利或者物质的拥有,因此"是"表示较高福利,而"否"表示较低福利,但是在每次看病花费的金额是否超过200元这个调查选项中,由于"是"表示其身体可能存在较大问题,花费较高,因此"是"赋值1表示较低福利水平;在工作就业中,对于非农就业状态进行重新赋值,按照个人稳定就业意愿进行划分从高到低1—4档。

表 4.3 调查问卷的初步处理

变量 Variables	问卷选项 Values	说明 Description	修改后重新定义
健康与休闲			
外健康	胳膊;腿;手;足	多选,有问题的数据相加	身体外部没有问题赋值 5,有一样有问题赋值 4,依次类推
内健康	视力;心脏;肝;肺;糖尿病;高血压;其他	多选,有问题的数据相加(调查发现基本最多为 4 项)	身体内部没有问题赋值 5,有一样有问题赋值 4,依次类推
看病次数	0 次;1—2 次;3—4 次;5—10 次;10 次以上	顺序赋值 1—5	反向赋值,0 次为 5,依次类推
是否多过 200	是;否	每次看病的花费,0＝否;1＝是	2＝否;1＝是
最高花费	开放式	看病的花费具体金额	
休闲时间	开放式	换算成为月数或者天数	将选项换算成为月数,再根据范围周赋值,其中最大休息时间赋值 5,最少赋值 1
休闲方式	打牌;旅游;种地;下棋;其他	多选,加总得分。其中一种地,打牌,下棋赋值 1,钓鱼赋值 2,旅游赋值 3	
住房与环境			
人均住房面积	房屋单层面积,几层,家庭人口数; 0—20; 21—40; 41—70; 71—100; 100—300	后期加入变量,通过对调查数据加工后得到	将所有人均面积计算出后均分为 5 级,根据同期武汉市农民人均住房面积 47.7 平方米,以及城镇居民 30 平方米的数据,结合实际调查数据划分 5 档,最大人均住房区间面积赋值 5,最少人均住房区间面积赋值 1

续表

变量 Variables	问卷选项 Values	说明 Description	修改后重新定义
房屋结构	木;土木;砖木;砖混;框架	1=木;2=土木;3=砖木;4=砖混;5=框架	
厕所是否冲水式	是;否	1=是;0=否	2=是;1=否
饮水卫生	是;否	1=是;0=否	2=是;1=否
室内情况	地板或瓷砖;水磨石;水泥;土	顺序赋值 5—1	
室内装饰	基本没有,只有简单家具;有梳妆台,衣柜等功能性家电与家具,但无其他装饰性装修;家电家具齐全和有专业的装修	顺序赋值 1—4	
噪音情况	非常严重;严重;一般;良好;非常良好	顺序赋值 1—5	
空气质量	非常严重;严重;一般;良好;非常良好	顺序赋值 1—5	
配套设施	公交;银行;卫生站;小学;中学;超市;邮局	多选,每个赋值 1,相加得到最终结果	
厨房使用燃料	薪材;煤;煤气;沼气	顺序赋值 1—3	
社会参与支持			
村中大事知晓	完全不知;知道一点;大概知道;比较清楚;非常清楚	顺序赋值 1—5	
征地程序	有;没有	1=有;0=没有	1=没有;2=有

107

续表

变量 Variables	问卷选项 Values	说明 Description	修改后重新定义
征地意见	有；没有	1=有；0=没有	1=没有；2=有
市民待遇	有；没有	1=有；0=没有	1=没有；2=有
养老方式	子女；自己；农村社保；城镇社保	多选，每个赋值1，相加得到最终结果	
社会地位	有；没有	1=有；0=没有	1=没有；2=有
工作与就业			
工作报酬满意度	很不满意；不满意；一般；满意；非常满意	顺序赋值1—5	
发展情况	非常不好；不好；一般；还好；非常好	顺序赋值1—5	
工作稳定	很不满意；不满意；一般；满意；非常满意	顺序赋值1—5	
非农就业状态	稳定工作；经常更换；自愿失业；非自愿失业	顺序赋值1—4	1=非自愿事业；2=经常更换；3=自愿失业；4=稳定工作
再就业培训	有；没有	1=有；0=没有	1=没有；2=有
社会公平状况			
国家制定的补偿额度	很不公平；不公平；一般；比较公平；非常公平	顺序赋值1—5	
耕地补偿面积的丈量	很不公平；不公平；一般；比较公平；非常公平	顺序赋值1—5	

变量 Variables	问卷选项 Values	说明 Description	修改后重新定义
房屋还建的面积	很不公平;不公平;一般;比较公平;非常公平	顺序赋值 1—5	
征地补偿款分配是否公平	很不公平;不公平;一般;比较公平;非常公平	顺序赋值 1—5	
子女受教育机会	很不公平;不公平;一般;比较公平;非常公平	顺序赋值 1—5	
失业后再就业	很不公平;不公平;一般;比较公平;非常公平	顺序赋值 1—5	
失业后再就业技能培训	很不公平;不公平;一般;比较公平;非常公平	顺序赋值 1—5	
福利状态的认知			
收入满意度	很不满意;一般满意;非常满意	顺序赋值 1—5	
生活保障满意度	很不满意;一般满意;非常满意	顺序赋值 1—5	
被他人认可满意度	很不满意;一般满意;非常满意	顺序赋值 1—5	
休息时间满意度	很不满意;一般满意;非常满意	顺序赋值 1—5	
个人健康满意度	很不满意;一般满意;非常满意	顺序赋值 1—5	

续表

变量 Variables	问卷选项 Values	说明 Description	修改后重新定义
全部生活状态满意度	很不满意;一般满意;比较满意;非常满意	顺序赋值1—5	
个体特征数据			
每月总花费	开放式	每月包括人情所有的花费	
人均总花费分档	0—300;301—625;626—1000;1001—1500;1501—2000	后期加入变量,通过每月在家人口花费和在家人口数计算出	因为武汉市农村居民人均月消费水平在400元左右,再客观考虑同期城市居民收入,因此定义400元左右为中等稍微偏下水平,再考虑调查数据的均衡分布性,顺序赋值1—5
每月食物支出	开放式	只统计食物方面支出	
人均食物支出分档	0—100;101—200;201—400;401—800;801—1700	后期加入变量,通过每月食物支出和在家人口数计算出	武汉市农村居民人均月食物消费水平在200元左右,再客观考虑同期城市居民收入,因此定义200元左右为中等稍微偏下水平,再考虑调查数据的均衡分布性,顺序赋值1—5
在家人口收入	开放式	在家人口每月收入	
在外打工人口收入	开放式	在外打工人口收入	
人均收入水平	0—400;401—700;701—1500;1501—2500;2501—3500	后期加入变量,通过对在家人口收入,在外打工人口收入,家庭人口数加工后得到	考虑到当地农户人均年收入水平在7700元左右,且调查数据存在625元,结合同期城市居民收入对比,认为625元在收入中处于中等偏下水平。后续皆有各自理由不详述,顺序赋值1—5

续表

变量 Variables	问卷选项 Values	说明 Description	修改后重新定义
补偿内容	补偿款;养老保障;最低生活保障;医疗保障;房屋安置;医疗保障	多选,每项赋值 1,相加得到最终结果	
每亩补偿额度	开放式	发放到手金额	
教育程度	1=小学及以下;2=初中;3=高中或中职高;4=大专;5=大学;6=硕士、博士及以上		
工作情况	1=私营业主;2=个体经营;3=建筑业打工;4=交通运输业打工;5=制造业打工;6=服务业打工;7=零散帮工;8=民办教师;9=离退休人员;10=其他	无方向顺序大小	
是否主要劳动力	1=是;0=否	无方向顺序大小	
家庭人口数以及土地等数据	开放式		

111

三、调查数据的再次处理

在 AMOS7.0 中,观察变量对潜变量起到支撑作用,在上节我们将测度项答案都进行了正向的排序转换,减少了问卷数据的误差。但是仅仅这样还是不够的,因为每个潜变量对应的观察变量越多、维度越高对其纯度影响越大,因此需要对量表的测度变量进行进一步的简化提纯。本书利用 514 份有效问卷的数据,首先对问卷进行 KMO 样本测度(Kaise-meyer-Olkin Measure of Sampling Adequacy)和巴特利球形检验(Bartlett Test of Sphericity)指标的初步分析 KMO 数学公式如下:

$$KMO = \frac{\sum \sum_{i \neq j} r_{ij}^2}{\sum \sum_{i \neq j} r_{ij}^2 + \sum \sum_{i \neq j} p_{ij}^2}$$

其中,r_{ij} 是变量 x_i 和其他变量 x_j 间的简单相关系数,p_{ij} 是变量 x_i 和变量 x_j 在控制了剩余变量下的偏相关系数。

表 4.4　KMO 和巴特利球形检验

Kaiser-Meyer-Olkin Measure of Sampling Adequacy		0.803
Bartlett's Test of Sphericity	Approx Chi-Square	8310.453
	df	990
	Sig.	0.000

根据统计学家 Kaiser[1],KMO 值在 0.9 以上非常适合;0.8 表示适合;0.7 表示一般;0.6 表示不太适合;0.5 以下表示极不适合。而此处 KMO 的值为 0.803,表示较适合进行因子分析。此外,从 Bartlett 球形检验的卡方为 8310.453,显著性为 0.000,代表母群体的相关矩阵间有共同因子存在,适合进行因子分析。

通过 KMO 和巴特利球形检验检后,再选择因子分析法,对其进行进一

---

[1]　Kaiser H.F.,"A Second Generation Little Jiffy",*Psychometrika*,Vol. 35,No. 4,December 1970,pp. 401–415.

步分析。Comrey①指出因子分析载荷超过 0.71 被认为是优秀,0.63 被认为非常好,0.55 被认为是好的,0.45 被认为尚可,0.32 被认为较差。运用此标准将载荷小于 0.45 的项目剔除,保留载荷相对较高的项目。根据分析结论对调查问卷作进一步的调整,删除不合适的观察变量。从而我们得到了最终的问卷观测变量和相关数据。具体修改情况如表 4.5 所示:

表 4.5　问卷观测变量的修改表

潜变量	观测变量	因子值	剔除或者保留
健康状态	身体外健康	0.582	保留
	身体内健康	0.801	保留
	平均看病次数	0.628	保留
	是否 200 元以上花费	0.751	保留
	每年休息时间	-0.445	剔除
	休息方式	0.152	剔除
居住状态	人均房屋面积	0.340	剔除
	房屋结构	0.653	保留
	厕所是否自动冲水	0.761	保留
	饮用水消毒否	0.596	保留
	室内地面状态	0.626	保留
	室内家电、家具装修状态	0.553	保留
	噪音情况	0.096	剔除
	空气质量	-0.119	剔除
	配套设施	0.123	剔除
	厨房燃料	0.493	保留

---

① Comrey A.L., "Common Methodological Problems In Factor Analytic Studies", *Journal of Consulting and Clinical Psychology*, Vol. 46, No. 4, Auegst 1978, p. 648.

续表

潜变量	观测变量	因子值	剔除或者保留
社会参与支持状态	是否知晓村中大事	0.466	保留
	是否有人告知征地程序	0.842	保留
	是否有人询问征地意见	0.809	保留
	是否有同市民相同待遇	0.274	保留
	养老方式	0.271	保留
	养老主要来源	−0.426	剔除
	是否有人倾听您的意见	0.325	剔除
工作状态	报酬满意程度	0.882	保留
	发展前景程度	0.867	保留
	工作稳定程度	0.870	保留
	非农就业状态	0.430	剔除
	是否有再就业技能培训	0.029	剔除
补偿公平状态	补偿额度公平程度	0.574	保留
	耕地补偿面积公平程度	0.177	剔除
	房屋建筑面积公平程度	0.531	保留
	补偿款分配公平程度	0.521	保留
	子女教育机会公平程度	0.423	剔除
	再就业机会公平程度	0.825	保留
	技能培训机会公平程度	0.769	保留
征地后福利状态	收入满意程度	0.727	保留
	生活保障满意程度	0.780	保留
	被他人认可程度	0.686	保留
	个人健康满意程度	0.263	剔除
	休息时间满意程度	0.387	剔除
	全部状态满意程度	0.820	保留

四、调查数据的描述性统计与分析

我们于 2010 年 10 月针对选定的调查区域,随机选择被征地的村庄进行随机入户调研,并完成问卷的作答,调查涉及 36 个村(其中江夏和蔡甸都有一村名为中洲,所以 SPSS 统计中显示只有 35 个村),共发放问卷 600 份,回收问卷 595 份,回收率为 99.16%。在剔除有过多缺失项问卷、回答前后矛盾问卷(例如:家庭食物支出大于家庭总支出;问卷前部分身体内外都是健康的,在后部分却有大笔医疗支出)以及不符合常识和逻辑的劣质问卷后,剩余有效问卷 514 份,样本总有效率为 85.67%,且样本数量基本满足参数要求。由于江夏将部分与东西湖开发区接壤村划拨与东西湖开发区,但是当地老百姓不太清楚,因此将江夏和东西湖的村合并统计,具体样本点分布如下表所示:

表 4.6　调查样本点分布

Valid	Frequency	Percent	Valid Percent	Cumulative Percent
蔡甸	74	14.4	14.4	14.4
洪山	65	12.6	12.6	27.0
黄陂	108	21.0	21.0	48.1
江夏(东西湖)	237	46.1	46.1	94.2
新洲	30	5.8	5.8	100.0
Total	514	100.0	100.0	

数据来源:调查统计。

在受访失地农民的特征数据方面,接受调查的多为男性居民、户主以及主要劳动力。这是由于农户单位的主要决策者为男性户主,他们对农户的基本生活、生产情况更为了解,数据的可信度和有效度得到一定的保证。在对受访者的性别、年龄、教育程度、职业、是否户主、是否劳动力等特征进行 Skewness 和 Kurtosis 检测后,除了因为绝大多数失地农民的受教育的程度偏低,教育程度特征项得到的偏度和峰度分为 1.641、4.199 有一定偏差外,其余特征项的偏度和峰度值,其绝对值分布在 0.117—0.928 之间,数值分布在 ±1 的区间内,说明受访群体呈明显的正态分布,这也表示数据有着充足的代表性。具体部分特征数据如表 4.7 所示。

表4.7 受访农户部分个体特征数据

		Frequency	Valid Percent			Frequency	Valid Percent
访者性别	男	310	60.3	职业	私营业主	10	1.9
	女	204	39.7		个体经营	38	7.4
教育程度	小学以下	224	43.6		建筑业打工	34	6.6
	初中	224	43.6		交通运输业	4	0.8
	高中中专	45	8.8		制造业	25	4.9
	大专	13	2.5		服务业	46	8.9
	大学	5	1.0		零散帮工	63	12.3
	硕士博士	3	0.6		民办教师	5	1.0
年龄	1—20岁	11	2.1		离退休人员	66	12.8
	21—40岁	99	19.3		其他	223	43.4
	41—60岁	259	50.4	户主	否	242	47.1
	61岁以上	145	28.2		是	272	52.9
				劳动力	否	159	30.9
					是	355	69.1

数据来源:调查统计。

在模型的处理中,我们并未将人口特征变量引入潜变量方程中,一方面我们研究的重点是影响失地农民福利的较为共性的因素,且许多个体特征数据已经间接包含在这些因素中,另外一方面引入过多的变量会导致方程的复杂性呈几何倍数增加,且得到的结论也会因为差异性太大而失去其通用性的意义。这里我们只对这些特征变量做单因素方差分析,用以分析人口特征对失地农民福利的影响是否表现出显著差异,并根据 Means Plots 图进行简单描述性分析:①性别因素(Sig:0.000):男性对于福利的满意程度些许高于女性。②教育因素(Sig:0.000):在高中及以下教育程度对于福利的感觉没有明显变化,而高中以上教育程度可以加强福利感,但当教育程度达到大学以上时,福利感觉却急剧加速下滑,且远远低于平均水平。③年龄因素(Sig:0.056):年龄越大的被访者对于自身福利状态的满意度越低,四个年龄层次的福利满意度呈一个明显加速下降趋势。④职业因素(Sig:0.016):私营业主、个体经营、制造业、服务业、零散帮工、离退休人员的福利满意度处于较平均的水平,从事交通运输业者福利满意度低于平均水平,而民办教师福利满意度则明显高于其他行业。⑤户主因素(Sig:0.067):户主的福利满意度略高于非户主水平。⑥劳动与否(Sig:0.001):劳动力对于福利满意度高于非劳动力,但差距不大。⑦身份因素(Sig:0.000):村干部福利满意度高于非干部对于福利的满意度,差距基本大于一个满意跨度。⑧人均收入状况(Sig:0.005)(收入划分为5档):收入水平越高对于福利的满意度越高,但当收入水平超过4档以后,福利满意程度确急剧下降,甚至低于1档的收入水平。⑨人均消费状况(Sig:0.737)(消费划分为5档):福利满意度和人均消费状态的关系近似于"U"字型分布。消费水平处于中间状态的人福利满意度最低;消费水平较低的人和消费水平较高的人福利满意度较高,但总体而言消费高的人福利水平高于低消费者。

第五节　调查数据的检验与模型的修正

对调查得到数据进行处理后,得到可以直接进入方程的数据。接下来我们运用统计软件对数据的信度和效度进行检验,并考察数据与模型的适配度,最后根据数学关系和理论关系有选择性地对模型进行修正。

一、模型的适配度指标和模型识别

1.模型的适配度指标。

模型适配度(Goodness-of-it Indices)指标是指评价判断假设的理论模型与数据之间是否相互印证、合适。一般而言,对于模型适配度的指标评价需要考虑三方面的内容:基本适配度指标(Preliminary Fit Criteria)、模型内在结构适配度指标(Fit of Internal Structural Model)以及整体模型适配度指标(Overall Model Fit)。首先,基本适配度指标,误差变异必须达到显著水平(t 值大于1.96)以及潜在变量和测量指标之间的因素负荷介于0.5—0.95之间,这也是模型适配的最基本条件。其次,通过信度、效度以及潜在变量的平均方差抽取量等指标,来评估测量模型内在的适配情况。最后,通过模型拟合度的卡方值、RMSEA(Root Mean Square Error of Approximation)、RMSR(Root Mean Square Residual)、GFI(Goodness of Fit Index)、AGFI(Adjust Goodness of Fit Index)、NFI(Normed Fit Index)、RFI(Relative Fit Index)、CFI(Comparative Fit Index)、IFI(Incremental Fit Index)、TLI(Tucker Lewis Index)等指标判断模型整体的良好程度,具体标准如表4.8整理所示:

表 4.8　模型适配度指标说明

基本配适度指标	判断说明
误差变异	必须达到显著水平(t 值大于 1.96)。
潜在变量和测量指标之间的因素负荷	介于 0.5—0.95 之间。
内在结构适配度指标	判断说明。
信度	观测变量的项目信度一般大于 0.5。
CITC 值	大于 0.5,小于 0.8 为良好。
潜变量的平均方差抽取量	一般认为临界值为 0.5,大于 0.5 为观测变量对潜在变量有良好的解释度。
整体模型适配度指标	判断说明。
卡方统计量 χ^2	验证了因果关系模型与数据的拟合程度,但由于卡方值与样本容量大小有关,因此一般不采用卡方值直接进行检验(Bentler&Bonett,1980[1];Marsh&Hocevar,1985[2])。
卡方值与自由度比	这个比值应该一般小于 5.0,小于 3.0 甚至 2.0[3][4]。

[1]　Bentler P.M.,Bonett D.G.,"Significance Tests and Goodness of Fit in the Analysis of Covariance Structures",*Psychological Bulletin*,Vol. 88,No. 3,November 1980,p. 588.

[2]　Marsh H.W.,Hocevar D.,"Application of Confirmatory Factor Analysis to the Study of Self-Concept:First and Higher order Factor Models and Their Invariance Across Groups",*Psychological Bulletin*,Vol. 97,No. 3,May 1985,pp. 562–582.

[3]　Wheaton W.C.,"Income and Urban Residence:An Analysis of Consumer Demand for Location",*The American Economic Review*,Vol. 67,No. 4,September 1977,pp. 620–631.

[4]　Ritter T,Gemünden H.G.,"The Impact of A Company's Business Strategy on Its Technological Competence,Network Competence and Innovation Success,",*Journal of Business Research*,Vol 57,No. 5,May 2004,pp. 548–556.

基本配适度指标	判断说明
RMSEA	RMSEA 等于或小于 0.05,表示理论模型良好适配;0.05—0.08 可以算是不错的适配;0.08—0.10 之间的为中度适配;大于 0.10 的表示不良适配。
RMR	是由 Joreskog 和 Sorbom① 所提出的,其为适配残差方差与协方差的平均值的平方根。一般应小于 0.05。
GFI	由 Joreskog 和 Sorbom 所提出的。其范围大小介于 0—1 之间。0 代表不好的适配,1 代表完美的适配。
AGFI	用自由度和变量个数比率来调整 GFI,一般认为 AGFI 不受样本大小的影响。AGFI 值在 0—1 之间,可以接受的值最好大于 0.80。
NFI	NFI 值在 0—1 之间,越接近 1 越好。
RFI	RFI 值在 0—1 之间,越接近 1 越好。
CFI	CFI 值在 0—1 之间,越接近 1 越好。
IFI	IFI 值在 0—1 之间,越接近 1 越好。
TLI	TLI 值介于 0—1 之间,完全拟合时 TLI 等于 1

2.模型的识别。

理论模型检验的前提是模型可以识别(Identified),识别后才能估计各个参数的值。根据参数数目和数据点的数目,模型识别分为正好识别、过度识别和低度识别三种。通过 T 法则来判断模型的识别度。

在模型中,外源潜在变量的观察变量为 P 个,内因潜在变量的观察变量为 Q 个,这样样本形成的协方差矩阵独特元素或者是数据点个数即为(P+Q)(P+Q+1)/2,数据点包括所有观察变量的协方差与方差。如果模型成立则得到(P+Q)(P+Q+1)/2 个方程,假设模型的参数个数为 t,则模型的自由度为:

$$df = \frac{1}{2}(P + Q)(P + Q + 1) - t$$

根据自由度的正、零、负的取值可以将模型整体识别为过度识别模型、正好识别模型(saturated model)以及低度识别模型。此方法也被称为 t 法则(t-rule),即:

① Jöreskog K.G., Sörbom D., *LISREL 7: A Guide to The Program and Applications*, Chicago: Spss, 1989, pp. 37–85.

$$t \leqslant \frac{1}{2}(P + Q)(P + Q + 1)$$

一般可以识别的模型自由度应该是大于等于 0,自由度大于 0 表示模型是过度识别的,这是符合 LVM 模型检验要求的,表示当模型不合适时可以对模型进行修正。

二、调查数据信度和效度分析

在设计问卷时,我们通过理论分析、文献回顾以及焦点讨论等方法对问卷质量进行了检测,这都属于人工的方法;我们还要通过一系列数学统计方法来对问卷数据的质量进行检验分析。首先我们需要对问卷的质量进行信度和效度检验,以保证问卷数据的质量。

1.问卷信度分析。

问卷的信度(Reliability)分析也称为数据的可靠性分析,是指问卷是否能够稳定地测量出理论模型所需要的测量的变量。检验多次测量后所得的结果是否具有一致性或稳定性。在进行信度的测试时,常用的测度方法有克朗巴斯 α(Cronbach's Alpha)法、半分信度法(Split-half reliability)、复本信度法(equivalent-forms method)和重测信度法(Test-retest method)。而对于李克特量表较常用的是 Cronbach's Alpha 和 Split-half reliability。其中克朗巴斯 α 法的主要思路是:如果把所有的因子求和得到总分数进行划分,分为因子得分和随机因素得分,那么因子信息的可靠程度就为因子得分占总分的比例,公式为:

$$\alpha = \frac{N}{N-1}\left[1 - \frac{\sum_{i=1}^{n} \sigma_i^2}{\sigma_i^2}\right] \tag{4-1}$$

半分信度法是将测量项目按照奇偶项分成两半分别计分,测出两半分数之间的相关系数 r_{xx} 得到半个量表的相关系数,再用斯皮尔曼—布朗(Spearman-Brown)公式确定信度 R_{xx} 公式为:

$$R_{xx} = \frac{r_{xx}}{1 + r_{xx}} \tag{4-2}$$

由于本书的问卷介于事实性问卷和态度性问卷,因此半分信度法结果只作为辅助参考。运用 SPSS15.0 运算得到问卷的克朗巴斯 α 系数(表4.9a)和半分信度法(表4.9b)。

表 4.9a　信度检验统计表

Cronbach's Alpha	N of Items
0.806	25

表 4.9b　信度检验统计表

Cronbach's Alpha	Part 1	Value	0.749
		N of Items	13(a)
	Part 2	Value	0.672
		N of Items	12(b)
	Total N of Items		25
Correlation Between Forms			0.508
Spearman-Brown Coefficient	Equal Length		0.674
	Unequal Length		0.674
Guttman Split-Half Coefficient			0.663

a　The items are:补偿额公平,对住房进行房屋还建,补偿款在农民、集体、乡镇等分配情况,失业再就业机会,技能再培训机会,对现有收入的满意程度,生活的各个方面保障的程度,被他人认可的满意程度,对全部生活状态的满意度,5 最良好,1 最差,与变量 25 反向赋权,看病次数越少说明越健康。

b　The items are:看病是否有多过 200 元,房屋建设的结构,厕所是否是冲水式,有下水管道,饮水是否是消毒过的,室内土地平整程度,室内装修、家电、家具情况,厨房使用燃料,村集体中大事情,是否告之征地程序,是否告之征地意见,现在非农工作的报酬满意程度,在单位工作是否有发展前途,工作是否经常更换、是否稳定。

根据 Nunnally① 的研究结论显示,Cronbach's Alpha 值在初步阶段的研究中,0.5 或 0.6 的中等程度的信度已经足够,对于基础研究而言,信度不一定需要超过 0.8,应用性质的问卷才需达到 0.9 的标准。美国统计学家

①　Nunnally J.C.,Bernstein I,*Psychometry Theory*,New York:McGraw Hill,1978,p.245.

海尔（Joseph F. Hair Jr.）、安德森·泰森（Ronald L. Tathan）和布莱克（William C.Black）①也指出,Cronbach's Alpha 值大于 0.7 表明数可靠性较高,计量尺度中的项目数少于 6 个时,Cronbach's Alpha 值大于 0.60,表明数据是可靠的。在探索性研究中,Alpha 值可以小于 0.7,但应大于 0.5。本书对量表的 Cronbach Alpha 值在 0.806 是符合要求的。

2.问卷效度分析。

一个良好的问卷,一方面需要有较高的信度,还需要问卷有较高的效度（Validity）。问卷的效度表示问卷的观测变量是否就是研究者进行科学研究所需要的观测变量。效度可以分为内容效度和结构效度。内容效度是指问卷是否问了该问的问题? 是否涵盖了研究内容和研究模型的所要探究的内容? 本书的问卷是以森的可行性能力分析框架为基础,结合国内外专家学者相关问卷内容和测度项,并针对失地农民多维福利的特性进行修改和编辑的,经过了本专业多位专家对问卷的内容进行讨论和修正,并进行了预调查,因此本书调查问卷的内容效度应该是符合相关要求的。另外我们还需要对问卷的结构效度进行分析,这里我们通过因子分析的因素负荷量来判断收敛效度和区别效度,利用 SPSS15.0 对外生变量的测量方程进行主成分因子分析,根据 Kaiser 提出的准则,选取特征值大于 1 的因子,前 5 种主成分方差的总解释度为 64.18%,解释度较好,具体数据如表 4-10 所示。

表 4.10 总体解释方差表

Component	Initial Eigenvalues			Extraction Sums of Squared Loadings		
	Total	Variance %	Cumulative %	Total	Variance %	Cumulative %
1	2.954	18.462	18.462	2.954	18.462	18.462
2	2.391	14.945	33.407	2.391	14.945	33.407

① Hair Jr J.F., Anderson R.E., Tatham R.L., et al.Black, *Multivariate Data Analysis*, New York:Prentice Hall,January 1995,pp.39-78.

续表

Component	Initial Eigenvalues			Extraction Sums of Squared Loadings		
	Total	Variance %	Cumulative %	Total	Variance %	Cumulative %
3	2. 072	12. 950	46. 356	2. 072	12. 950	46. 356
4	1. 709	10. 683	57. 039	1. 709	10. 683	57. 039
5	1. 143	7. 142	64. 181	1. 143	7. 142	64. 181
6	0. 907	5. 666	69. 847			
7	0. 830	5. 186	75. 033			
8	0. 708	4. 425	79. 458			
9	0. 667	4. 170	83. 628			
10	0. 534	3. 336	86. 963			
11	0. 445	2. 783	89. 746			
12	0. 407	2. 542	92. 288			
13	0. 381	2. 381	94. 669			
14	0. 335	2. 091	96. 760			
15	0. 267	1. 667	98. 427			
16	0. 252	1. 573	100. 000			

Extraction Method：Principal Component Analysis.

　　然后我们对因子进行正交转轴(Varimax)处理,对于同一潜变量对应的观测变量因素负荷大于0.5,且越接近1,我们可以认为该潜变量的收敛效度较佳。而其余非该潜变量的观测变量的因素负荷小于0.5,且越接近于0则认为变量的区别效度良好,通过对表4.11转轴成分矩阵的数据分析,我们认为数据的收敛效度和区别效度较佳。

表 4.11　转轴后的成分矩阵

	Component				
	1	2	3	4	5
X_1	−0.059	0.586	0.131	−0.133	0.105
X_2	0.182	0.789	−0.054	−0.124	−0.091
X_3	0.063	0.630	0.189	0.425	0.046
X_4	−0.015	0.784	−0.162	−0.043	0.065
X_5	0.022	−0.006	0.471	0.149	0.477
X_6	−0.241	−0.004	0.662	−0.168	0.422
X_7	0.111	−0.120	0.712	−0.071	0.120
X_8	−0.019	−0.021	0.238	0.073	0.685
X_9	0.095	0.150	−0.001	0.107	0.806
X_{10}	0.160	0.237	0.616	0.212	0.011
X_{11}	0.292	0.008	−0.485	0.487	0.443
X_{12}	0.062	−0.069	0.028	0.892	0.135
X_{13}	0.033	−0.108	−0.058	0.859	0.109
X_{14}	0.888	0.047	0.035	0.017	−0.003
X_{13}	0.865	0.045	−0.033	0.110	0.085
X_{16}	0.872	0.024	0.071	−0.007	0.028

Extraction Method：Principal Component Analysis.

Rotation Method：Varimax withKaiser Normalization.

A　Rotation converged in 6 iterations.

三、模型的检验

对于模型的检验分为测量模型的检验和整体结构方程模型的检验两个部分来进行。

1.测量模型的检验。

在检验结构模型之前,本书首先运用 AMOS7.0 对结构方程模型中涉及的每个潜变量模型进行检验,以界定观察变量对潜在变量的测量效果。而由于 AMOS7.0 软件中对于参数的估计方法选择为 ML 法,而其运行的前提为假设观测变量服从多元正态分布,因此在利用 AMOS7.0 对数据进行处理前,首先需要对问卷数据的正态性进行检验。本书通过 SPSS15.0 中偏度(Skewness)和峰度(Kurtosis)的检验来检查数据的正态性。在 23 个观测项中的偏度和峰度的绝对值介于 0.006—1.235 之间大部分处于±1 的范围之内,因此我们认为该模型基本符合正态分布。在本书中潜变量包括:健康状态、居住状态、社会参与支持状态、就业状态、补偿公平状态和福利状态,其中健康状态、居住状态、社会参与支持状态、就业状态为外生潜在变量,补偿公平状态、福利状态为内生潜在变量。路径系数和残差系数可以判断出每个观察变量对潜在变量测量的效度。下面分别对所有的潜变量测量方程进行参数估值和模型适配度指标的计算。

健康状态:由于看病次数 X_3 和看病是否有超过 200 元 X_4 存在着相互的影响关系,因此在方程中设置双箭头影响路径。首先,得到对测量方程进行回归估计得到估计参数值,其中估计参数估值的显著性水平良好。

表 4.12　健康状态回归权重

			Estimate	S.E.	C.R.	P	Label
X_1 身体外部健康	<---	健康状态	1.000				
X_2 身体内健康	<---	健康状态	2.779	0.454	6.124	＊＊＊	par_1
X_3 看病反映福利权值	<---	健康状态	2.371	0.380	6.243	＊＊＊	par_2
X_4 是否多过 200	<---	健康状态	1.537	0.189	8.125	＊＊＊	par_3

＊表示 t 值大于 1.96,p 小于 0.05;＊＊表示 t 值大于 2.58,p 小于 0.01;＊＊＊表示 t 值大于 3.29,p 小于 0.001。

模型适配度指标也显示模型拟合情况良好,模型拟合度指标如表 4.13 所示。

表 4.13 健康潜变量模型适配度指标

Model	CMIN	DF	CMIN/DF	RMSEA	RMR	GFI	AGFI	NFI	RFI	IFI	TLI	CFI
Default model	0.162	1	0.162	0.000	0.002	1.000	0.998	1.000	0.997	1.002	1.015	1.000

最后得到对参数进行标准化后的健康状态测量方程路径图,如图 4.4 所示:

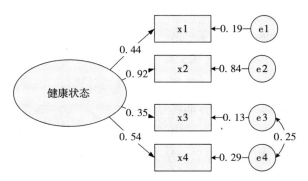

图 4.4 健康状态测量方程路径图

居住状态:在问卷效度部分的主成分因子分析中发现,室内地面状态和室内装修状况与其他的居住指标不能进行归类,所以在居住潜变量测量方程中删除了这两个观察变量。对居住潜变量的测量方程进行回归估计得到估计参数值,显示估计参数估值的显著性水平良好。

表 4.14 居住状态回归权重

			Estimate	S.E.	C.R.	P	Label
X_5 房屋结构	<---	居住状态	1.000				
X_6 厕所卫生否	<---	居住状态	1.207	0.149	8.090	***	par_1
X_7 饮水卫生	<---	居住状态	0.601	0.071	8.468	***	par_2
X_8 室内状况	<---	居住状态	1.436	0.213	6.755	***	par_3

*表示 t 值大于 1.96,p 小于 0.05;** 表示 t 值大于 2.58,p 小于 0.01;*** 表示 t 值大于 3.29,p 小于 0.001。

模型适配度指标也显示模型拟合情况良好,模型拟合度指标如表 4.15 所示:

表 4.15　居住潜变量测量方程模型适配度指标

Model	CMIN	DF	CMIN/DF	RMSEA	RMR	GFI	AGFI	NFI	RFI	IFI	TLI	CFI
Default model	2.754	2	0.162	0.027	0.007	0.997	0.987	0.990	0.971	0.997	0.992	0.997

最后得到对参数进行标准化后的居住状态测量方程路径图 4.5:

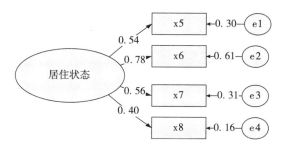

图 4.5　居住状态测量方程路径图

社会参与支持状态:对居住潜变量的测量方程进行回归估计得到估计参数值,得出估计参数估值的显著性水平良好。根据 T 法则,测量方程的内生观测变量数量为 3,外生观测变量为 0,因此得到数据点个数为 (3+0)(3+0+1)/2=6,而方程需要估计得参数个数为 6 个,因此自由度为 0,模型为正好识别模型。由于大部分配适度指标依赖于自由度的计算,当自由度为 0 时,指标无法计算得出。只能得到部分指标,其中 RMR 为 0.000,GFI 指标为 1.000,模型拟合度优良。

表 4.16　社会参与支持回归权重

			Estimate	S.E.	C.R.	P	Label
X_9 大知事晓度	<---	社会参与支持	1.000				
X_{10} 征地程序	<---	社会参与支持	1.775	0.411	4.321	* * *	par_1

续表

			Estimate	S.E.	C.R.	P	Label
X_{11} 征地意见	<---	社会参与支持	1.450	0.288	5.031	＊＊＊	par_2

＊表示 t 值大于 1.96,p 小于 0.05;＊＊表示 t 值大于 2.58,p 小于 0.01;＊＊＊表示 t 值大于 3.29,p 小于 0.001。

最后得到对参数进行标准化后的社会参与至支持状态测量方程路径图 4.6:

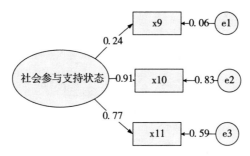

图 4.6　社会参与支持测量方程路径图

工作状态:对居住潜变量的测量方程进行回归估计得到估计参数值,得出估计参数估值的显著性水平良好。和社会参与支持一样,工作状态测量模型为正好识别模型,因此只能得到部分指标,其中 RMR 为 0.000,GFI 指标为 1.000,模型拟合度优良。

表 4.17　工作状态回归权重

			Estimate	S.E.	C.R.	P	Label
X_{12} 报酬满意度	<---	工作状态	1.000				
X_{13} 发展情况	<---	工作状态	0.916	0.047	19.498	＊＊＊	par_1
X_{14} 工作稳定情况	<---	工作状态	0.949	0.050	18.954	＊＊＊	par_2

对参数值进行标准化后的工作状态测量方程路径图 4.7:

补偿公平状态:是本书尝试归纳的一个影响失地农民多维福利状态的

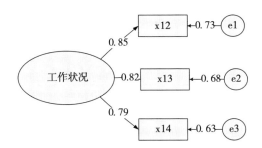

图 4.7　工作状态测量方程路径图

潜在变量,结合农地城市流转的过程和失地农民补偿的内容,归纳了国家补偿额度标准是否公平(Y_1),房屋还建面积是否公平(Y_2),补偿款分配是否公平(Y_3),再就业机会是否公平(Y_4)以及技能培训机会是否公平(Y_5)5个观测变量来进行描述。就笔者所收集到的国内外相关文献中,尚未发现有对于公平状态如何测量进行论述的文献,因此在对此测量模型进行分析时,在原有模型的基础上进行了多种方式的模型测试,发现如果删去 Y_5 观测变量,模型适配度指标拟合性更为优良。结合征地补偿的现实考虑,在调查区域很多对于征地后再就业工作开展范围极其有限,且效果不明显。因此在模型的修正中删除此观测变量。又根据补偿额度标准和补偿分配情况,额度越大越满意,分配到农民手中的钱越多,农民也认为越公平,因此在 Y_1 和 Y_2 中建立双箭头影响路径。对修正后的社会公平潜变量的测量方程进行回归估计得到估计参数值,得出估计参数估值的显著性水平良好。

表 4.18　补偿公平回归权重

			Estimate	S.E.	C.R.	P	Label
Y_1 补偿额公平	<---	补偿公平	1.000				
Y_2 还建面积公平	<---	补偿公平	1.259	0.237	5.321	＊＊＊	par_1
Y_3 征地补偿款分配公平	<---	补偿公平	0.813	0.137	5.954	＊＊＊	par_2
Y_5 再就业公平	<---	补偿公平	1.033	0.199	5.184	＊＊＊	par_3

＊表示 t 值大于 1.96,p 小于 0.05;＊＊表示 t 值大于 2.58,p 小于 0.01;＊＊＊表示 t 值大于 3.29,p 小于 0.001。

模型适配度指标也显示模型拟合情况良好,模型拟合度指标如表 4.19 所示:

表 4.19　补偿公平潜变量测量方程模型适配度指标

Model	CMIN	DF	CMIN/DF	RMSEA	RMR	GFI	AGFI	NFI	RFI	IFI	TLI	CFI
Default model	0.123	1	0.123	0.000	0.002	1.000	0.999	0.999	0.996	1.005	1.028	1.000

最后得到对参数进行标准化后的补偿公平状态的测量方程路径图见图 4.8:

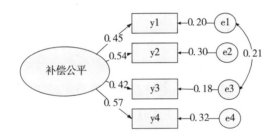

图 4.8　补偿公平状态测量方程路径图

福利状态:在现实生活中,收入的水平很大程度上代表着个人的社会地位和被他人认可的程度,因此在 Y_6 和 Y_8 中建立双箭头影响路径。对修正后的社会公平潜变量的测量方程进行回归估计得到估计参数值,得出估计参数估值的显著性水平良好。

表 4.20　福利状态回归权重

			Estimate	S.E.	C.R.	P	Label
Y_6 收入满意	<---	福利状态	1.000				
Y_7 生活保障满意	<---	福利状态	1.067	0.080	13.374	***	par_1
Y_8 被认可满意	<---	福利状态	0.736	0.074	9.898	***	par_2
Y_9 全部生活状态满意	<---	福利状态	0.945	0.073	13.028	***	par_3

* 表示 t 值大于 1.96,p 小于 0.05; * * 表示 t 值大于 2.58,p 小于 0.01; * * * 表示 t 值大于 3.29,p 小于 0.001。

模型适配度指标显示,模型拟合情况良好,模型拟合度指标如表4.21所示:

表4.21　福利状态潜变量测量方程模型适配度指标

Model	CMIN	DF	CMIN/DF	RMSEA	RMR	GFI	AGFI	NFI	RFI	IFI	TLI	CFI
Default model	1.837	1	1.837	0.040	0.007	0.998	0.982	0.997	0.980	0.998	0.991	0.998

最后得到对参数进行标准化后的福利状态的测量方程路径图见图4.9:

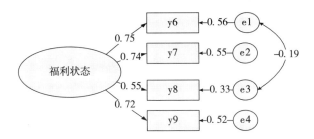

图4.9　福利状态测量方程路径图

对健康状态、居住状态、社会参与支持状态、就业状态、补偿公平状态、福利状态这7个潜变量模型的测量模型进行了模型配适度检验,根据相关指标的标准表明,测量模型都具有较佳的拟合度结果,研究量表的测量模型是可以被接受的。

2.结构模型的检验。

在潜变量模型接受的基础上,我们整合结构方程模型并对其进行检验。在 AMOS7.0 中绘出结构模型的标准化后的路径系数图,导入调查数据得到图4.10。

结构方程的主要适配度指标为: 卡方值 = 370.306,自由度 = 199,CMIN/DF = 1.860,RMSEA (Root Mean Square Error of Approximation) = 0.065,RMR (Root Mean Square Residual) = 0.048,GFI (Goodness of Fit Index) = 0.858,AGFI (Adjust Goodness of Fit Index) = 0.819,IFI (Incremental

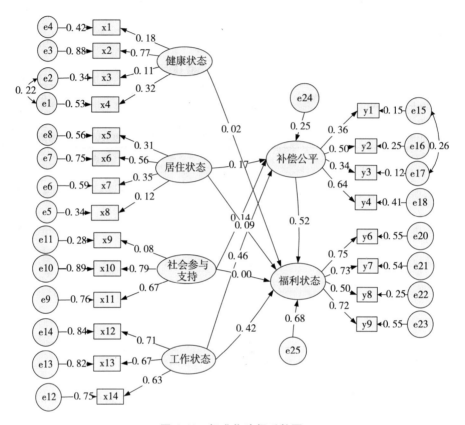

图 4.10　标准化路径系数图

Fit Index) = 0. 863, TLI(Tucker-Lewis Index) = 0. 836, CFI(Comparative Fit Index) = 0. 859。这些指标说明,本书通过森的可行性能力分析框架所建立的农地城市流转中失地农民多维福利的影响因素理论模型是存在的。但是我们也看到,虽然结构模型的拟合程度尚可,但一般情况下结构方程模型不是一次能拟合成功的,需要对其进行进一步修正。因此下面本书将根据 M.I 值进行进一步的模型修正。

四、模型的修正

所谓的模型修正实质是指理论模型与实证数据之间的相互重新适配的

过程。在 AMOS7.0 选择 Modification Indices,选项出现 M.I 值数据,根据提示加入共变路径进行解释。但是需要注意的是,任何的路径设置,并不是以减少卡方值为目标的,而是需要结合理论的基础和实证的数据来进行。根据提示,在原有模型的基础上增加两条共变路径。健康和工作状态之间存在 M.I 值 18.689,考虑到身体健康与否影响到工作的情况,因此在两个潜变量之间确定加入共变路径。e12 和 e18 之间存在 M.I 值 20.795,工作的稳定程度与其本人的工作技能有着紧密的联系,工作技能强的农民,其工作状态较为稳定,而没有一定劳动技能的农民,只能进行一些零散工作的处理,工作状态不稳定,因此也加入一条共变路径。本书理论模型经过修正后模型适配度指标变化为:卡方值 = 350.232,自由度 = 197,CMIN/DF = 1.778,RMSEA(Root Mean Square Error of Approximation) = 0.062,RMR(Root Mean Square Residual) = 0.045,GFI(Goodness of Fit Index) = 0.864,AGFI(Adjust Goodness of Fit Index) = 0.825,IFI(Incremental Fit Index) = 0.877,TLI(Tucker-Lewis Index) = 0.852,CFI(Comparative Fit Index) = 0.874。模型的拟合度有了较大的改进,理论模型与实证数据之间适配程度更优,也说明了本书所构建的失地农民多维福利影响因素分析的理论,较好地通过了调查数据的检验。修正后的模型参数标准化图如图 4.11 所示。

第六节　研究结果分析

在对模型进行了修正后确定最优匹配模型的基础上,本书就失地农民多维福利潜在变量方程中内生变量和外生变量之间的路径关系及其影响效应进行了总结和分析如表 4.22 所示:

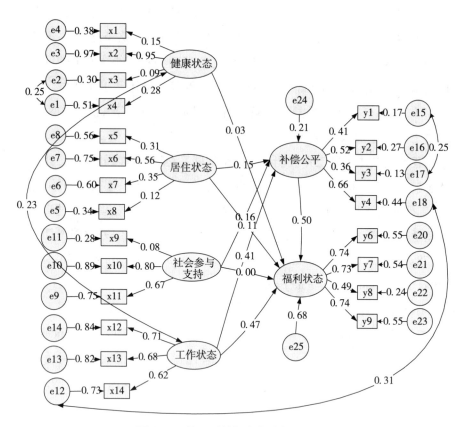

图 4.11　修正后的标准化路径系数图

表 4.22　路径系数分析

外生潜在变量	内生潜在变量			
	补偿公平	福利状态		
健康状态	直接效果	—	直接效果	0.03
	间接效果	—	间接效果	0.00
	总效果	—	总效果	0.03
居住状态	直接效果	0.15	直接效果	0.11
	间接效果	—	间接效果	0.15 * 0.50
	总效果	0.15	总效果	0.185

续表

外生潜在变量	内生潜在变量			
	补偿公平		福利状态	
社会参与支持	直接效果	0.16	直接效果	0.00
	间接效果	—	间接效果	0.16 * 0.50
	总效果	0.16	总效果	0.08
工作状态	直接效果	0.41	直接效果	0.47
	间接效果	—	间接效果	0.47 * 0.50
	总效果	0.41	总效果	0.705
补偿公平	直接效果	1.00	直接效果	0.50
	间接效果	—	间接效果	—
	总效果	1.00	总效果	0.50

分析显示,健康状态、居住状态、社会参与支持、工作状态和补偿公平对失地农民的福利状态有着直接的影响,此外,居住状态、社会参与以及工作状态还通过补偿公平对福利状态进行间接影响。这充分说明了对于失地农民而言,其福利的状态受到多种因素的影响,这也与森的可行性能力分析框架中认为福利的内涵不仅仅局限于物质福利还有非物质福利的思想相吻合。下面针对本书第四章构建理论模型时所提出的路径之间关系的假设进行验证并加以分析:

假设1a:健康状态对于失地农民的福利状态有着直接正面的影响。

从实证检验的结果来看,身体健康对于失地农民的福利有着直接的正面影响假设成立,影响效果为0.03,在5个影响失地农民多维福利的因素中效果最不显著的。这与方福前所研究的中国城镇居民福利影响因素中,健康因素在影响居民福利的六因素中的效果最低的研究结论所一致。但是其影响效果为0.48,大大高于本书的影响效果。分析其原因:一方面,由于没有任何一个时代的物质水平丰富程度超过现在,人们可以较为轻松地获取各种所需要的营养和食物,并且医疗科技也在迅速发展中,农村医疗保障措施也在逐渐完善,因此健康对于农民福利而言其影响程度不大。另一方面,通过数据的统计发现,在514份调查问卷中身体外健康者490人,占总数的95.3%,身体内器官没有任何毛病的有416人,占总数的81%,有一项毛病的82人,占总数的16%。农民身体较城市居民健康,城市居民常见的诸如高血压、高血脂、高血糖等病在农民身上几乎看不到,调查中60岁以上老人仍然在进行劳作的占了绝大多数。研究分析认为,对于失地农民而言,健康的身体对于失地农民的福利有着正面的影响效果,但正是由于农民这一特殊身份,使其常年劳作,身体处于一种较高的健康水平,健康对于福利的效用不明显,且效果也较城市居民低。

假设1b:居住状态对于失地农民的福利状态有着直接正面的影响。

模型结果显示,居住状态对于失地农民多维福利有着0.11的直接效果,假设检验成立。这也与方福前模型结果一致,在其模型中,居住状态对于福利的影响高于身体健康和人际状况。在本书模型中,居住状态对于失地农民的福利效果远高于健康状态的影响效果,但仍然处于一个较低的水平。分析其原因有两个方面:第一,虽然居住状态的改善对于农民的福利有着正向的改进,但是在我们调查中发现,其住房条件的改进往往意味着农民自身背负了由于建房而产生的巨额债务问题。很多农民虽然住进了统一规划的小洋楼,但是其室内简陋的家具、摆设与其光鲜的外表并不相符,福利改进的效果有限。第二,由于建筑科技的进步以及基础设施的逐渐完善,使得越来越多的失地农民享受到了完善的公共基础设施,且能够搭建结构合理的房屋,因此居住状态变化对于失地农民多维福利的敏感性也随之降低。

假设1c:社会参与支持对于失地农民的福利状态有着直接正面的影响。

假设社会参与支持对福利有着直接的正向效用,从模型中,我们得知其直接指向福利状态的路径系数为0,因此假设不成立。对此结论国内外文献没有相关的研究借鉴。理论模型在研究失地农民社会参与对福利的影响中,设置了被访者大事知晓度、对于征地程序是否知晓、征地意见的询问三个观察变量。就笔者分析认为,虽然在测量方程中观察变量对于潜变量的解释程度较佳,但在实际采访中我们发现,农民对于村中大事漠不关心,对于征地意见是否询问、征地程序是否告知,在有的村中,村民当着村长对我们是一套说法,当村长离开后对我们又是另外的说辞,虽然其认为应该告知,但是更多的回答则是"告诉我们也没用","说了也没用"。农民对于自己权利的争取并不积极,并对侵犯其权利的事件显得并不关心。因此其在考虑自己的福利状态时可能对于社会参与支持方面的考虑缺失,从而假设不成立。

假设 1d:工作状态对于失地农民的福利状态有着直接正面的影响。

工作状态对于失地农民多维福利状态有着直接正面效应的假设,得到了实证结论的支持。从路径分析表上得出工作状态对于失地农民的福利状态的影响效应为 0.47,在不考虑间接效用的情况下是福利的第二大直接影响因素。这个结论与我们日常的感知认识相呼应,一份收入丰厚的工作代表了较高的物质福利和社会地位的提高。一份人们热爱且有发展前景的工作也会使其投身于此,满足其福利的非物质方面。

假设 1e:补偿公平对于失地农民的福利状态有着直接正面的影响。

在本书中,通过对现状的调查分析,在笔者所知道的文献中首次提出补偿公平对失地农民的福利状态有着较大的直接正面效果的假设,这个假设得到了实证数据的强有力证明。实证数据表明,在所有的福利影响因素对福利产生的直接影响中,补偿公平的影响效果最大,其路径系数达到了0.50。这一方面验证了论语中所提及的"不患寡而患不均",另一方面也解释了为什么在征地补偿标准逐年提高的同时,被征地农民却认为自身福利水平还处于较低的水平。

假设 2a:居住状态对于补偿公平有着直接正面的影响。

假设 2b:工作状态对于补偿公平有着直接正面的影响。

假设 2c:社会参与支持对于补偿公平有着直接正面的影响。

研究认为补偿公平是一个内生潜变量,并假设居住状态、工作状态、社会参与都与其有着直接正面的效果,实证研究也证明了这三个假设成立。其路径系数分别为 0.075、0.08 和 0.235,其中社会参与对于补偿公平的影响效果最大,在前文所分析认为的村民对于征地的知情权、参与权的流失正是导致了补偿的不公平的产生根本原因之一。调查中村干部、开发商以及地方政府组织利用手中权力和资源,通过不公平的补偿措施侵占了弱势农民群体的利益,使其福利状态受到了损失。

假设 3a:居住状态通过补偿公平对于福利状态有着间接正面的影响。

假设 3b:工作状态通过补偿公平对于福利状态有着间接正面的影响。

假设 3c:社会参与通过补偿公平对于福利状态有着间接正面的影响。

假设 2 的成立,同时也证明了居住状态、工作状态以及社会参与对福利状态有着间接的正面效果。需要注意的是,我们通过对影响因素对于福利的直接和间接影响效果的加总得到了影响失地农民多维福利的因素效果排序,排序显示:工作状态效果最大为 0.705,补偿公平因素次之为 0.50,居住状态、社会参与支持和健康状态依次顺列,分别为 0.185、0.08 和 0.03。根据模型得出的各个因素之间路径系数的数值,再结合我国失地农民多维福利的现状对数据的现实意义进行解释认为:第一,失地农民的就业安置问题是影响失地农民多维福利的最大影响因素。一份让失地农民较满意的工作,一方面可以使其获得持续稳定且较好的收入,直接增加农民的物质福利水平,另一方面,根据马斯洛的需求理论,人在得到物质上的满足后,追求更高社会的尊重以及自我实现的目标,一份有发展前景的工作是其得到社会其他人尊重以及实现自我的平台。而对于失地农民而言,失去土地就意味着其失去了一份稳定保底的工作,这对于教育程度较低和缺乏劳动技能的农民而言,福利状态的改变无疑是巨大的。第二,补偿不公平对于农民福利的影响已经是一个不可回避的重要问题,补偿公平的问题可以从两个部分来进行解析:从补偿的数量(标准)而言,国家逐年提高了补偿的标准,在东部沿海的很多村由于拆迁可以产生一大批百万甚至千万富翁,在不少地区已经出现了"宁当农民,不当城镇居民"的现象以及城镇居民回到农村当农民的现象。从我们的调查数据中发现,认为补偿标准比较合理的有一半以上,虽然补偿标准由于各地区差异而不同,但间接说明了国家对于征地补偿的标准在逐渐合理化。从补偿的质量(分配、内容方式)而言,补偿公平还存在着较大的问题,在我们调查的一个村中,村民对于补偿的不满,不是在于国家的每亩补偿标准,而是在于村长因为征地开起了宝马汽车。另外,补偿的内容也存在方式单一、不可持续等缺点。

综上所述,可以得到各个影响因素对于福利状态、补偿公平的影响路径排序:影响补偿公平的因素按照从大到小的顺序依次为:工作状态(0.41)、社会参与支持(0.16)、居住状态(0.15)。不考虑间接因素的影响各因素对于福利的影响大小依次为:补偿公平(0.50)、工作状态(0.47)、居住状态(0.11)、健康状态(0.03)、社会参与支持(0.00)。考虑间接和直接因素后的排序为:工作状态效果(0.705)、补偿公平(0.50)、居住状态(0.185)、社会参与支持(0.08)和健康状态(0.03)。

本章是实证研究的主体部分,包括实证的设计和数据的处理两大部分。

在实证设计环节,首先进行的是实证调查问卷的设计。在参考国内外相关领域研究成果的基础上,根据理论模型的要求,设计问卷包含内容、措辞、问卷顺序、问卷选项方式等环节,形成《失地农民多维福利影响因素调查问卷》,并通过预调查对问卷部分内容进行了修正,形成了正式调查问卷。其次,运用 SPSS 软件,对调查得到的数据进行因子分析,保留载荷相对较高的观测项目。根据分析结论对调查问卷作进一步的调整,删除不合适的观察变量,从而得到进一步精确的问卷观测变量。最后,对调查问卷进行信度和效度的分析,其中信度分析指标 Cronbachα 值为 0.806,表明问卷信度较高;问卷的效度分析,通过主成分因子分析和正交转轴(Varimax)处理来对数据的区别效度和收敛效度进行分析,结果显示调查问卷数据效果较佳。通过以上科学和规范步骤,我们得到最终的"失地农民多维福利影响因素有效分析量表"包括健康状态、居住状态、工作状态、社会参与支持、补偿公平、福利状态 6 个方面。其中,健康状态包括:身体外部的健康状态、身体内部的健康状态、看病次数(5 维划分后的)、是否有多于 200 元的看病花费;居住状态包括:房屋结构、厕所是否冲水式、饮水卫生、室内状况;工作状态:工作报酬满意度、工作发展情况、工作稳定情况;社会参与支持包括:村中大事知晓度、是否知晓征地程序、是否询问征地意见;补偿公平包括:补偿标准公平程度、住房还建面积公平程度、征地补偿款分配公平程度、再就业公平程度；福利状态包括：收入满意程度、生活保障满意程度、被认可满意程度、全部生活状态满意程度。为后续相关福利研究的问卷设计提供了较高的参考价值。

在数据的处理部分包括：原始数据处理、模型修正及结果分析。首先以调查原始数据为基础，通过对数据选项、数据方向等多项处理，得到进入模型检验的数据。潜变量模型中测度方程和结构方程的适配度指标显示研究数据与理论模型拟合度较高，在此基础上根据 AMOS7.9 中提供的 M.I 值和相关理论原理对模型进行进一步修正，得到效果更佳的结果模型。通过最终模型的测量结果，我们对失地农民多维福利影响因素的理论模型进行检验，并对结果进行分析，分析认为：第一，本书所构建的失地农民多维福利影响因素分析的理论，较好地通过了调查数据的检验。第二，健康状态、居住状态、工作状态、社会参与支持、补偿公平对福利的状态有着直接的影响，而居住状态、工作状态、社会参与支持通过对补偿公平的影响，间接影响着福利的状态水平。第三，模型结果显示对于福利的影响因素中，影响路径系数总效果最大的是工作状态效果，其值为 0.705，补偿公平因素的影响较次之为 0.50，居住状态、社会参与支持和健康状态依次顺列，分别为 0.185、0.08 和 0.03。这表明工作状态和补偿公平是影响失地农民多维福利最重要的两大因素。其中，工作状态直接体现了农民物质福利和非物质福利的水平；而补偿公平则是失地农民对于补偿政策是否满意，心理是否得到满足感的重要体现。居住状态、社会参与支持以及健康程度，虽然对福利产生影响，但是其效果并不如工作状态和补偿公平对福利产生的影响明显。

社会是有志愿的结合，故为有目的的组织，所以研究社会科学我们无法避免讨论其实用价值①。根据研究的结论提出有针对性的政策建议，改进现行机制，实现社会资源的更优配置，是我们本书的实用价值所在。在接下

① 参见梁方仲：《中国历代户口、田地、田赋统计原论》，《学术研究》1962 年第 1 期。

来的章节,我们对现行失地农民补偿机制进行优化设计,并尝试运用数理方法和图形,对农地城市流转的各个主体的福利现状、社会总福利最大化以及失地农民多维福利补偿优化进行模拟和分析,以支持失地农民多维福利补偿机制的优化建议。

第五章　失地农民多维福利变化经济分析与补偿机制优化

要确定失地农民多维福利补偿机制的改革方向,首先必须要对现行的征地补偿制度作出一个完整全面的评价。本章首先对现行的失地农民多维福利补偿机制进行研究,分析其存在的问题,其次针对这些不足进行补偿机制的优化和设计,最后用严密的数学语言,对优化后的补偿制度进行经济学分析,进一步验证机制的科学性和有效性。

第一节　失地农民多维福利补偿制度的经济学分析

一、农地城市流转各个权利主体福利变化分析

农地城市流转的过程涉及的五个利益相关主体包括:中央政府、地方政府、农村集体经济组织(包括乡镇、村、小组)以及农民个人和用地单位。在本书中他们都被看作是理性的经济组织,都追求实现自身各种福利最大化,而不仅仅包括经济福利的最大化。对于中央政府而言,其决策的目标是社会公共全体福利的最大化,"效率优先的前提下,兼顾公平","初次分配重效率,再次分配重公平"是其进行流转决策时的依据原则。中央政府不仅仅要求实现经济的发展,还需要兼顾贫富差距的均衡、粮食的安全、生态环境的保护等诸多因素。相比之下地方政府的流转驱动因子可能就显得直接

和短效。一方面,由于税制的改革,地方政府对于土地增值收益的比例可以占有80%—90%左右,据统计,2009年全国土地出让金达1.59万亿元,占当年地方财政收入的48.79%,有些地方甚至达到了80%,再加上土地增值所带来的GDP提升等效应,土地流转带来的直接效益十分明显;另一方面,作为农地城市流转的主要决策者——地方政府领导人,其执政周期较短,出于政绩的考虑使其有可能在明知加速流转会损害社会的长期福利的情况下,仍然选择积极推动农地城市流转的速度,以获取以GDP为主要衡量指标的政绩的提升。农村集体经济组织的身份有着特殊的双重性:一方面是政府的基层组织机构,对于政府的流转要求起到实际执行的作用,一方面它又代表了农民行使对集体土地的所有权,代表着农民的权益并争取农地的征地补偿的最大化。失地农民在农地的征收中受到的冲击最大,福利的改变十分明显。在流转的决策中农民基本处于被动接受的地位,流转与否和补偿的标准都较少考虑其意见和意愿。由于教育程度不高、非农就业技能的缺乏,在土地征收后大部分农民很难再次就业。而且由于生活必需品的支出额增加,经济福利在相当长的一段时间内可能低于征地前的生活状态。从福利其他维度上来看其生活方式的改变和陌生感,征地过程中的不公平、加剧其对未来的恐惧和不确定,影响了农村地区社会的稳定。用地单位为了其利益最大化的追求,对于农地城市流转的期望往往也是相当强烈的。从生地到熟地的增值,再到开发成为商品房,房地产商的利润往往可以占300%以上,再加上强势的企业和官员进行"寻租"行为,更加促使了农地的城市流转行为的发生。在此,我们利用商品供需理论和消费者生产者剩余理论用简单的图表示、描述和分析农地流转市场的流转行为、参与者之间利益分配以及对社会总福利的影响。

首先我们假设农地城市流转是完全竞争的市场,这个市场中,土地的供给方为农民和农村集体组织,土地的需求方为地方政府和土地需求企业。其次,假设土地市场的供给和土地需求函数为线性函数。在理想的土地交易市场中,在信息对等和完全竞争的前提下,土地市场存在一个均衡的价格P和均衡数量Q,这是由供需双方的供需函数所决定的。然而在实际的土

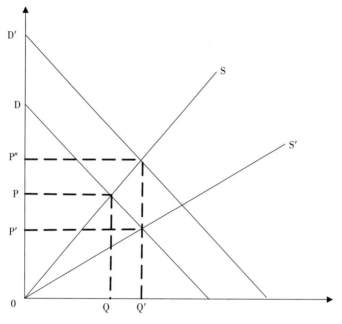

图 5.1　农地城市流转市场行为

地交易市场中,由于信息的不对等以及竞争的不完全性,使得实际的均衡价格 P′(征地价格)远低于市场均衡价格 P,市场上的供给曲线 S′的斜率小于实际供给曲线 S 的斜率,这时土地交易市场供给土地的数量为 Q′。根据古典经济学供需理论,我们得知当市场价格低于均衡价格时,市场出现供不应求的商品短缺或超额需求的状况。在市场自发调节下,一方面需求者提高价格来得到他所需要购买的商品量;另一方面,又使供给者增加商品的供给量。这样,该商品的价格必然上升,最终达到市场的均衡或市场出清。但是在实际农地城市流转市场中,政府和土地需求者处于强势的地位,其对于土地市场的价格有着绝对的控制权(相当于指定了市场最高价格),这个价格总是低于市场均衡价格,并且导致供不应求。在供给曲线不变的情况下,土地的供给者只能被迫出售更多的土地 Q′-Q,这时原有需求曲线也会向左移动形成新的需求曲线 D′,新的曲线 D′再次与供给曲线 S 和 S′形成新的假设均衡价格和实际价格,导致了新一轮的农地城市流转的均衡数量与实际流转数量之间的差额,土地供需双方的矛盾产生。

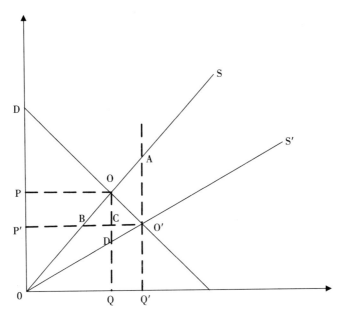

图 5.2 农地流转市场参与者利益分配以及对社会总福利损失

在图 5.2 假设完全竞争的农地城市流转市场中,根据生产者剩余和消费者剩余理论,由供需双方的函数曲线产生均衡点 0,均衡价格为 P,流转土地的均衡数量为 Q。此时作为土地的消费者(土地的需求者)地方政府和土地需求企业的消费剩余为图形 DP0,而作为土地的生产者(土地供给者)农民和农村集体组织的生产者剩余为 P00。而在实际生活中土地交易的价格为 P′,因此土地的供给函数为 S′,均衡点位置为 O′,价格为 P′,流转数量为 Q′。此时作为土地的消费者(土地的需求者),地方政府和土地需求企业的消费剩余为图形 DP′0′,而作为土地的生产者(土地供给者)农民和农村集体组织的生产者剩余为 P0′0′。从图上我们可以清楚地看到土地消费者占消费剩余价值面积的占总(土地)剩余的比例明显提高,此外由于农地城市流转数量增加而价格却降低,因此社会总福利的损失为 A00′。

二、农地城市流转社会总福利最优的分析

正如上文所分析,农地的城市流转改变了各个参与主体的福利。从现实情况来看,地方政府以及土地使用企业得到极大的福利提升,中央政府得到少量的税收,而农民以及农村集体的福利增长很小,甚至为负。农地城市流转过程中巨额收益的分配不均衡,一方面形成了贫富的悬殊差距,导致大量矛盾的产生,对社会的稳定造成了影响;另一方面,也导致了流转速度的失控,影响了土地资源配置的效率和社会长期总福利的大小。因此建立一个纳入所有权利主体的福利分析模型,在效率最大化和公正的前提下对研究社会福利最优的农地流转量,对各个主体的福利结构进行调整的确有必要。

从全社会的角度来研究优化问题,目标函数就应该为社会福利函数。求解出的最优均衡函数应该是在约束条件,诸如经济的平稳发展、促进农民增收致富、有序农地流转市场和实现可持续发展的目标下实现。其中补偿政策的总目标函数应该是在加入时间动态的情况下,保证社会总福利函数的最大化,要兼顾各个流转相关主体的利益,特别是中央政府和农民的利益,使其达到社会总体福的改进。

(一)模型的基本假定

假定一:农地流转的市场的价格以招、拍、挂等形式形成的,虽然不是严格意义上的完全竞争市场,但是在这个市场上有众多的卖者(地方政府)和买者(用地企业),我们假设每个参与主体对于农地的成交价格的影响甚微,双方都是价格的被动接受者。因此认为农地流转市场为完全竞争市场(Perfect Competitive Market)。

假定二:农地资源由于其区域位置以及自身禀赋的差异,使其存在异质性。这种异质性无法消除,但是简化模型使其可求解化,本书认为所有进入流转的土地是同质的、无差异的,只存在流转的面积不同。

假定三:一般而言政府将农地流转为城市建设用地后,并未全部进入市场进行供给,而是部分进行储存,部分拍卖。在本模型中,为了简化模型,认为地方政府并未对农地进行储备,而是一次性全部进入土地交易市场,由土地的需求者购买。并假定其中交易费用为零,不影响成交价格。

假定四：由于无知和不完全预见、他人的福利的影响以及个人的非理性偏好，导致了偏好与福利的不一致。在不考虑偏好和福利之间三个微小差异的前提下，我们假定偏好和福利是无差异可替代的。

假定五：根据黄有光对于社会福利函数和帕累托社会福利函数之间定义的差异分析[①]，我们定义社会总福利的效用函数为个体福利的加总。

（二）模型的建立

最优流转模型的衡量标准往往不能只考虑到农地流转中个别群体的目标，而需要通过考虑社会中多个群体目标来衡量，从而实现社会总福利的最大化。因此选择运筹学中的多目标规划方法来进行研究。就一般的多目标规划形式为：

$$(VP)\begin{cases}Max(f_1(x),f_2(x),\cdots,f_p(x))\\g_i(x)\geqslant 0,i=1,2,\cdots,m\end{cases}\tag{5-1}$$

其中 $x=(x_1,x_2,\cdots,x_n)^T$

记 $R=\{x|g_i(x)\geqslant 0,i=1,2,\cdots,m\}$，$F(x)=(f_1(x),f_2(x),\cdots,f_P(x))^T$ $\in E^P$

R 中的方案需要用 p 维向量 $F(x)=(f_1(x),f_2(x),\cdots,f_P(x))^T$ 来衡量，但是向量之间往往无法进行大小比较。而我们又需要寻找一个绝对最优解，这在实际问题中往往不存在，因此我们需要对农地城市流转的社会总福利最大化问题结合实际进行分析找到较为合适的最优解。

在建立整体分析模型之前，我们首先需要对社会福利函数的形式进行定义，我们将定义为个人福利的向量则：$W=W(W^1,W^2,\cdots,W^i)$。这里 W^i 表示第 i 个人的福利，i 是相关个体数量。因为一个人是自己福利的最准确判断，我们认为，在不考虑偏好和福利之间三个细微差异的前提下（根据假定四），我们同意将社会福利函数直接定义为个人序数的效用向量[②]：$W=$

①　Y. K. Ng, "Bentham or Bergson? Finite Sensibility, Utility Functions, and Social Welfare Functions", *Review of Economic Studies*, Vol.42, No.4, October 1975.

②　Y. K. Ng, "Bentham or Bergson? Finite Sensibility, Utility Functions, and Social Welfare Functions", *Review of Economic Studies*, Vol.42, No.4, October 1975.

$W(U^1, U^2, \cdots, U^i)$,其中 U^i 代表了第 i 个人的序数偏好效用。根据一般形式结合农地城市流转具体内容、主体,我们得到了社会总福利最优的多目标规划方程函数的抽象形式:

$$(VP)\begin{cases} MaxW(U_f(q_t^f), U_c(q_t^c), U_d(q_t^d), U_g(q_t^g)) \\ Q = \sum_{i=1}^{I}(q_{tb}^i + q_{tl}^i) \\ q_{tl} = \sum_{i=1}^{I}(q_t^{di} + q_t^{gi}) \\ q_{tb} = \sum_{i=1}^{I}(q_t^{fi} + q_t^{ci}) \\ q_{tl} \geq 0, q_{tb} \geq 0, q_t^{fi} \geq 0, q_t^{ci} \geq 0, q_t^{di} \geq 0, q_t^{gi} \geq 0 \end{cases} \qquad (5-2)$$

其中, $q_t^f = (q^{1f}, q^{2f}, \cdots, q^{if})$, $i = 1, 2, \cdots, n$, $q_t^c = (q^{1c}, q^{2c}, \cdots, q^{ic})^T$, $i = 1, 2, \cdots, n$, $q_t^d = (q^{1d}, q^{2d}, \cdots, q^{id})^T$, $i = 1, 2, \cdots, n$, $q_t^g = (q^{1g}, q^{2g}, \cdots, q^{ig})^T$, $i = 1, 2, \cdots, n$,农地的数量是一定的,总量为 Q,在某个时间节点 t 上,农地的保有数量为 q_{tb},进行了城市流转的土地数量为 q_d, q_{tb}^i 为第 i 个个体在 t 时刻保留农地的数量, q_{tl}^i 为第 i 个个体在 t 时刻流转农地的数量 q_t^f, q_t^c, q_t^d, q_t^g 分别为 t 时点上所有的农民、农村集体组织、土地需求者和地方政府拥有农地资源的数量。

其次,我们需要清晰社会福利函数的具体形式。根据假定五,我们认为社会福利函数 W 是所有个体福利的加总:

$$W = W^1 + W^2 + \cdots W^i = \sum_{i=1}^{I} W^i \qquad (5-3)$$

如果在效用函数单位可比的前提下,再次用效用函数替代则为: $W = U^1 + U^2 + \cdots U^i = \sum_{i=1}^{I} U^i$,这样我们就将模糊的社会福利函数以较精确的表达。结合农地城市流转的相关权利主体的分析,我们可以得出以下函数形式:

$$W = U^f + U^c + U^d + U^g \qquad (5-4)$$

其中: U^f 为农民效用向量, U^c 为农村集体经济组织效用向量, U^d 为用地企业效用向量,U^g 为地方政府效用向量,在上文我们分析认为中央政府的决策目标为使得社会总福利的最大化,则我们认为中央政府的福利即为社会总福利 W。

进一步分析,地方政府和土地使用者以及农民和农村集体组织的效用函数形式,假设我们在完全竞争市场下,价格由供需双方决定,则 t 时刻的价格为 $P_t = P(q_t)$,取得的收益为:$U^d + U^g = \sum_{i=1}^{l} P_t \cdot q_{tl}^i, q_{tl} \geq 0$;这时还有 q_{tb} 的土地没有流转,因此保留的机会成本为 $C_t = C(q_{tb}, p_t)$,$q_{tb} \geq 0$ 保留的成本与剩余土地的面积、当期的农地城市流转交易价格有关。因此政府和土地使用者的效用函数为:

$$U^d + U^g = \sum_{i=1}^{l} (P_t^i \cdot q_{tl} - C_t^i) \tag{5-5}$$

在 t 时刻给予再加上给予农民和农村集体经济组织的补偿价格为:

$$P_C = e^{rt} \cdot P_t^i \cdot (1 - \alpha), r > 0, \alpha > 0 \tag{5-6}$$

设 p_c 为在 t 时刻给予农民和农村集体经济组织的补偿价格,在绝大多数情况下 p_c 的价格要小于 p_t^i,又因为我们认为补偿价格随时间推延而增加,因此选择 e^{rt} 作为其调节函数,r 为大于 0 的正参数。且可保证当 t=0 的时候,补偿价格为 $P_C = P_t^i \cdot (1 - \alpha)$,当 $t > 0$ 时,补偿价格变化的增幅呈加速态势或加速放缓状态。因此,农民和农村集体的效益函数为:

$$U^f + U^c = \sum_{i=1}^{l} S_{tl}^i = \sum_{i=1}^{l} e^{rt} \cdot P_t^i \cdot (1 - \alpha) \cdot q_{tl}, r > 0, \alpha > 0 \tag{5-7}$$

从而社会总福利函数为:

$$W = U^f + U^c + U^d + U^g = \sum_{i=1}^{l} (P_t^i \cdot q_{tl} - C_t^i + S_{tl}^i)$$

$$= \sum_{i=1}^{l} (P_t^i \cdot q_{tl} - C_t^i + e^{rt} \cdot P_t^i \cdot (1 - \alpha) \cdot q_{tl})$$

对多元目标规划方程组进行求解得到:

$$\sum_{i=1}^{l} \frac{\partial C_t^i}{\partial q_{tb}} = \sum_{i=1}^{l} (e^{rt} \cdot P_t^i \cdot (1 - \alpha) \cdot q_{tl} + P_t^i) \tag{5-8}$$

由此我们认为,在理想的完全竞争市场机制下,上式表达了当农地城市的流转的速度和补偿的价格满足以上条件时,社会总福利函数的值最大化。根据新古典假设,此时农地城市流转数量处于均衡状态,农地保有价格等于给予农民和农村集体经济组织的补偿价格和农地的市场价格之和。

(三)社会总福利优化补偿的解释

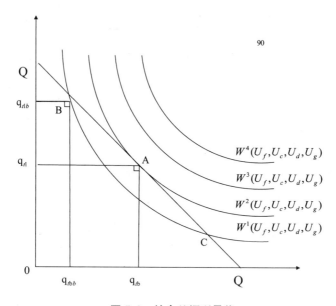

图 5.3 社会总福利最优

在图 5.3 中,直线 QQ 表示,在总农地数量为 Q 的情况下,农地城市流转的土地数量 Q_l 和保留的土地数量 Q_b 可能性集合函数,$W^i = (U_f, U_c, U_d, U_g)$ 为农地城市流转过程中社会总福利函数的在各个可能的无差异曲线(假设其是严格凸曲线),在每条无差异曲线上,流转和保留的农地带给社会的总福利函数的效用是无差异的。无差异曲线与原点的距离表示社会总福利的大小,距离原点近的社会总福利小于距离原点较远的社会总福利。当 t 时,农地城市流转数量为 B 点时,流转了 q_{tlb} 的农地,保留 q_{tbb} 的农地。此时社会总福利为 $W^1 = (U_f, U_c, U_d, U_g)$,由于约束线 QQ 上农地总量是一定的,因此当 A 点从约束线右下角移向左移动时,也越来越移向较高的福利的无差异曲线(距离原点的距离越远,表示福利越高)获得更高总福利,这存在着帕累托改进。根据现代微观经济学理论,当达 $W^2 = (U_f, U_c, U_d, U_g)$ 的无差异曲线与农地总量约束线 QQ 相切时,社会总福利达到帕累托最优。而达到更高的社会总福利无差异曲线 $W^3 = (U_f, U_c, U_d, U_g)$ 和 $W^4 = (U_f, U_c, U_d, U_g)$ 时,在农地总量 Q 的前提下无法实现,要求获得更多的农地资源禀赋。

通过图 5.3 分析,在土地总量 Q 一定的前提下,t 时刻应流转和保留多少土地才能使得社会总福利最大化。在此基础下,我们继续运用帕累托最优分析在流转土地数量确定后的流转补偿最优价格的确定。我们模拟一个两人两种商品的交换背景来讨论帕累托最优条件。为了使得分析符合模拟,我们对背景进行一些假设并进行说明,假设:市场中只存在两种商品,农地资源和货币(分析最优补偿价格,即分析土地和货币的边际价值);两人中分为代表土地资源提供方农民和农村集体组织,土地需求方地方政府和土地开发者(如表 5.1 所示):

表 5.1　农地城市流转市场假设

主体　＼　商品	农民 & 集体	政府 & 开发商	总　和
农地资源	X_{11}	X_{12}	X_1
货币资源	X_{21}	X_{22}	X_2

其中:X_{ij} =第 j 个人拥有第 i 个商品的数量
$X_i = X_{i1} + X_{i2}$ =第 i 种商品的总量
$i = 1, 2; j = 1, 2$

最优补偿价格下的交换发生在双方都有利,或者至少都不被损害的状况下进行,这需要假设一个不同数量货币和土地资源对于双方效用对应的函数关系式:令 $U_N(x_1, x_2), U_k(x_1, x_2)$ 为农民和集体组织和地方政府和土地开发者的效用函数,其中, $N = (f + c); K = (d + g)$。运用埃奇沃斯盒(Egworth Box)来表述、分析上述关系。

图 5.4 所示"埃奇沃斯盒状图"中,盒子长为 $0_N X_2(= 0_K X_1)$,表示货币

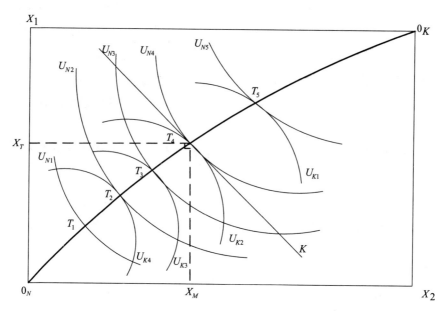

图5.4 农地城市流转埃奇沃斯盒状图分析

的总量,盒子长为 $0_N X_1 (= 0_K X_2)$,表示农地资源的总量;U_{Ni} 表示农民和集体组织效用函数,表示地方政府和土地开发者 U_{Ki};盒子中的每一点表示双方拥有两种资源的数量。当交换处于图上 W 点时,我们可以发现其并不是处于帕累托最优的状态,因为顺着无差异曲线效用函数 U_{k2},农民的福利效用能从曲线 U_{N3} 改进到 U_{N4}。根据帕累托改进的原则:如果存在一种改进,在不伤害别人福利的前提下,增加另外一部分人的福利,则存在帕累托改进。改进到 T 点终止,因为此时每个人都无法在不损害他人利益的前提下增加自己的利益,此时处于帕累托最优状态。W 点为交换的契约点,在埃奇沃斯盒子中,所有可能的契约点构成了一条曲线 $0_N 0_K$,为农地货币交易的契约曲线,曲线上的任意一点都满足帕累托最优条件。根据此前分析的在农地资源总量一定的前提下,确定了 T 时点社会总福利最大化的农地流转和保留数量,在图中表示为:$0_N X_T =$ 流转的农地数量 q_{tl},$X_T X_1 =$ 未流转的农地数量 q_{tb}。从 X_T 点出发引一条平行于 $0_N X_2$ 的射线,与交易契约线 $0_N 0_K$ 交于点 T,则 T 点位于无差异曲线 U_{N4} 和 U_{K2} 的切线上,切线斜率 K 即为农地资源与货币资源的替代价格。在此价格下,无论双方选择哪一种物品,其边际替代率对于双方而言都是一样的。

三、失地农民多维福利补偿优化的经济学分析

在上一节,我们分析了以社会总福利最大化为目标的农地城市流转决策行为,以及 t 时刻的流转最优流转数量下的均衡补偿价格。在确定 t 时刻社会总福利最大化的前提下,在农民获得均衡的补偿资源下,如何进一步优化农民福利,取决于失地农民多维福利的目标函数和约束条件的形式,我们通过建立模型来进行分析。

（一）模型的假设

假定一:个体特征一致性。每个个体的失地农民虽然因为个体特征变量的不同而对福利的各种功能向量有着不同的获取能力,但是作为失地农民这个群体而言,其对功能向量的获取程度在某种程度上有着一致性,这些较为一致的获取能力与其他群体的获取能力是不同的。

假定二:信息完全性。我们认为,失地农民群体对于各自福利功能向量的获取能力是清晰可知的,因此可以对其进行补偿的优化。

假定三:福利可加性。失地农民各种福利的功能性向量都可以转化为一定的资源禀赋的需求,也就是其福利效用的可加性。

（二）模型的建立

首先根据森的可行性能力分析框架,我们认为农民的福利函数取决于每个功能向量对于其福利影响的大小,因此得到 $W = W(U^1, U^2, \cdots, U^i)$,其中 U^i 表示第 i 个功能向量对福利的效用。在本书的第五章我们通过文献的回顾结合失地农民的特殊性,分析得到影响失地农民多维福利的影响因子为:健康状况、居住状况、社会参与与支持状况、工作与就业状况及社会公平状况这 5 个功能向量。

$$^{Max}W = {}^{Max}W(U^1, U^2, \cdots, U^5) = U_{health} + U_{environment} + U_{social} + U_{job} + U_{fair}$$

$$(5-9)$$

根据假定一,我们认为虽然每个个体对于不同功能向量的获取度不同,

但是在一定范围内的获取度存在着与其群体相异的特征性。$U_{health} = U(x_h, a_h)$，其中 x_h 投入收入健康补偿的资源量，a_h 是失地农民对于收入补偿这种功能向量的获取能力。同样我们得到 U_{health}、$U_{environment}$、U_{social}、U_{job}、U_{fair} 的效用函数分别为：$U_{environment} = U(x_e, a_e)$，$U_{social} = U(x_s, a_s)$，$U_{job} = U(x_j, a_j)$，$U_{fair} = U(x_f, a_f)$。又根据上节分析失地农民的效用函数为可加总形式，在此前提下，农民福利的效用函数如下：

$$\{\sum^{Max} X > 0\} W = U(x_h, a_h) + U(x_e, a_e) + U(x_s, a_s) + U(x_j, a_j) + U(x_f, a_f)$$

$$(5-10)$$

在农民获得的用于征地补偿的总的资源禀赋 X（可以是货币或者是其他资源以及政策等）一定的前提下，建立拉格朗日方程求效用函数的极值：

$$
\begin{aligned}
L &= \{\sum^{Max} X > 0\} W + \lambda(X - x_e - x_h - x_s - x_j - x_f) \\
&= U(x_h, a_h) + U(x_e, a_e) + U(x_s, a_s) + U(x_j, a_j) + U(x_f, a_f) + \\
&\quad \lambda(X - x_e - x_h - x_s - x_j - x_f), x_e > 0, x_h > 0, x_s \geqslant 0, x_j > 0, x_f > 0
\end{aligned}
$$

$$(5-11)$$

求失地农民多维福利的目标函数对 X_h, X_e, X_s, X_j, X_f 的一阶偏，并使之为 0，联立方程进行求解：

$$\frac{\partial\left(U(x_h,a_h)+U(x_e,a_e)+U(x_s,a_s)+U(x_j,a_j)+U(x_f,a_f)+\lambda(X-x_e-x_h-x_s-x_j-x_f)\right)}{\partial x_h}=0$$

$$\frac{\partial\left(U(x_h,a_h)+U(x_e,a_e)+U(x_s,a_s)+U(x_j,a_j)+U(x_f,a_f)+\lambda(X-x_e-x_h-x_s-x_j-x_f)\right)}{\partial x_e}=0$$

$$\frac{\partial\left(U(x_h,a_h)+U(x_e,a_e)+U(x_s,a_s)+U(x_j,a_j)+U(x_f,a_f)+\lambda(X-x_e-x_h-x_s-x_j-x_f)\right)}{\partial x_s}=0$$

$$\frac{\partial\left(U(x_h,a_h)+U(x_e,a_e)+U(x_s,a_s)+U(x_j,a_j)+U(x_f,a_f)+\lambda(X-x_e-x_h-x_s-x_j-x_f)\right)}{\partial x_j}=0$$

$$\frac{\partial\left(U(x_h,a_h)+U(x_e,a_e)+U(x_s,a_s)+U(x_j,a_j)+U(x_f,a_f)+\lambda(X-x_e-x_h-x_s-x_j-x_f)\right)}{\partial x_f}=0$$

解方程结果如下：

$$\frac{\partial U_h(x_h,a_h)}{\partial x_h} = \frac{\partial U_e(x_e,a_e)}{\partial x_e} = \frac{\partial U_s(x_s,a_s)}{\partial x_s} = \frac{\partial U_j(x_j,a_j)}{\partial x_j} = \frac{\partial U_f(x_f,a_f)}{\partial x_f} = \lambda$$

$$(5-12)$$

方程的最优解的意义十分明晰:对于失地农民多维福利的补偿内容的优化必须考虑到失地农民对于不同的补偿内容获取能力(或者说是不同因素对于其福利大小的影响程度),根据失地农民多维福利对不同因素的反映程度大小进行补偿,将资源倾向于对福利影响程度较大的因素,最终达到相同的边际替代率,实现失地农民多维福利补偿的最优化。

第二节　失地农民多维福利补偿机制现状分析

一、失地农民多维福利补偿机制存在的问题

(一)征地补偿的标准较低

目前我国实施的征地补偿制度,起始于计划经济时期,其补偿标准的有关规定也带有明显的计划经济色彩。这些政策制度在当时较好地支持了经济社会的发展,也能满足失地农民的需求。但当经济发展到如今的以市场经济为主导的阶段时,这些补偿的政策制度已经无法满足和适应社会经济的发展,由此产生大量社会矛盾也就在所难免。国家法律上对于现行的货币补偿标准的规定大体可以分为两个阶段:

1.产值倍数法均值平均补偿阶段(1998—2005):1998年实行,2004年修改的《中华人民共和国土地管理法》是政府依法征地的重要依据之一。在其中有关征地补偿的第四十七条规定:"征收土地的,按照被征收土地的原用途给予补偿。征收耕地的补偿费用包括土地补偿费、安置补助费以及地上附着物和青苗的补偿费。征收耕地的土地补偿费,为该耕地被征收前三年平均年产值的六至十倍。征收耕地的安置补助费,按照需要安置的农业人口数计算。需要安置的农业人口数,按照被征收的耕地数量除以征地前被征收单位平均每人占有耕地的数量计算。每一个需要安置的农业人口

的安置补助费标准,为该耕地被征收前三年平均年产值的四至六倍。但是,每公顷被征收耕地的安置补助费,最高不得超过被征收前三年平均年产值的十五倍。""征收其他土地的土地补偿费和安置补助费标准,由省、自治区、直辖市参照征收耕地的土地补偿费和安置补助费的标准规定。被征收土地上的附着物和青苗的补偿标准,由省、自治区、直辖市规定"。"依照本条第二款的规定支付土地补偿费和安置补助费,尚不能使需要安置的农民保持原有生活水平的,经省、自治区、直辖市人民政府批准,可以增加安置补助费。但是,土地补偿费和安置补助费的总和不得超过土地被征收前三年平均年产值的三十倍。""国务院根据社会、经济发展水平,在特殊情况下,可以提高征收耕地的土地补偿费和安置补助费的标准。"在此期间,征地补偿款平均为年产值的 15 倍至 20 倍左右,补偿价格较低①。

2.区片定价差异补偿阶段(2005 年至今):2005 年 7 月实行统一年产值标准和征地片区综合地价。其中在《关于完善征地补偿制度的指导意见》中针对失地农民补偿标准较低的现状,对《土地管理法》中的部分条款进行了一些改良。规定"按法定的统一年产值倍数计算的征地补偿安置费用,不能使被征地农民保持原有生活水平,不足以支付因征地而导致无地农民社会保障费用的,经省级人民政府批准应当提高倍数;土地补偿费和安置补助费合计按三十倍计算,尚不足以使被征地农民保持原有生活水平的,由当地人民政府统筹安排,从国有土地有偿使用收益中划出一定比例给予补贴"。

从上述土地补偿法规中,我们可以看到 2005 年以前的土地补偿标准存在明显的补偿标准过低问题。虽然 2005 年以后对补偿标准进行了改进,也只是将补偿的标准被动地提高到了原有补偿标准的上限,改进程度有限。虽然征地片区综合地价,较同一年产值法估算的补偿价格上涨 30%左右,但是与土地流转后的市场价值相比,还存在巨大差异,根据统一年产值法估算,以仙桃为例,2008 年仙桃市土地局规定每亩产值标准为 1400 元/亩,按照补偿的最高上限倍数 30 倍计算,每亩补偿价格 42000 元(实际上远远没

---

① 《中华人民共和国土地管理法》。

有达到这个数字),而同期仙桃市农村居民人均纯收入达到 4695 元/年,在不考虑折现及通货膨胀的情况下,补偿费用仅仅相当于农民 7 年的收入,可见补偿之低。根据九三学社在 2003 年的一项调查显示,被征土地收益分配格局大致是:地方政府占 20%—30%,企业占 40%—50%,村级组织占 25%—30%,农民仅占 5%—10%。征地成本与出让价之间的巨额收益,大部分被中间商或地方政府以及腐败的官员所攫取。

(二)征地补偿的方式单一

与补偿标准偏低相对应的是补偿的内容和方式简单和单一的问题,在 1999 年之前征地补偿的方式为安排失地农民进入乡镇企业或村集体企业,基本上为就业安排。但是随着乡镇企业经济发展出现瓶颈,甚至破产时,这部分农民又随之下岗失去工作。在 1999 年之后,政府采取的通常为一次性的货币补偿安置方式。将各种补偿费用转换成货币,一次性给予农民。很多农民在拿到一大笔补偿款(虽然补偿的钱相对应得的偏低,但是在短时间内对于农民而言是一笔巨大的款项)后,政府能够较快地解决征地问题,有利于减轻政府的负担。但是这也隐藏着巨大的隐患,由于其见识的局限性以及教育水平较低、劳动技能的缺乏等一系列原因,使其一方面缺乏对长久生活的规划和考虑,大修房屋以及进行赌博等活动,往往会在较短的一段时间内将钱挥霍一空;另一方面再就业情况较难,且缺乏其他的补偿来源,补偿款花费完毕后,又没有其他持续性的生活来源,生活马上陷入困境之中。失地农民成为"四无"之人,持续的上访和怨气的积累,造成了社会的不安定。同时作为农地城市流转的决策者,政府没有起到相应的公共职能,农民没有享受到经济的发展所带来的成果。

(三)征地补偿措施执行不到位

征地补偿措施执行不到位,是现行补偿机制问题中失地农民反映较为强烈和突出的一个方面。首先,对于征地而言,存在"公共利益"征地泛滥的情况。现行《宪法》和《土地管理法》都规定,国家为了公共利益的需要,可以依照法律规定对土地实行征收或征用并给予补偿。但是法律、法规没有明文界定哪些建设项目用地是为了公共利益,哪些不是,致使征地成了取得增量建设用地的唯一手段。而征地的目的远超出公共利益范畴,导致土地征用权的滥用。在非公共利益目的的征地后,"公共利益"又成了补偿标准降低的理由。有学者认为,即使是为了全社会(包含被征地农民)公共利益的征地,其成本不应该仅由被征地的农民来承担,而是应该由社会全体成员来共同负担。

其次,在征地补偿款的发放过程中,很多地方政府对失地农民补偿款存在拖欠和截留的行为。从已公开的审计资料查询,仅 2007 年一年,全国就清理失地补偿款 175.46 亿元。在我们调查的村中,政府承诺的补偿款或者是补偿条件,实现执行率往往不到 40%。国家审计局 2007 年审计资料显示:武汉绕城公路高速公路东北段工程征地 1.03 万亩,其补偿标准应为每亩 1.89 万元,但实际仅按每亩 4800 元补偿给农民,总体少补偿了 1.45 亿元。而在四川省大竹县至邻水县邱家河和广安至南充两个高速公路项目的征地补偿款,被当地政府及其所属部门挪用 1.95 亿元,占补偿款的 46%。征地补偿的资金,乡镇政府和村级组织将本来有限的补偿款再次进行分成,强行按照乡镇、村、农民 2∶3∶5 或 3∶2∶5 的比例截留,截留成了普遍的"潜规则"。基层政府将本应及时补偿到位的补偿资金拖欠、挪用,并且对这种违法现象根本淡漠,忽视农民的根本利益,是失地农民大量上访,社会矛盾积聚的主要原因之一。

二、失地农民多维福利补偿机制缺失分析

(一)法律依据不明确

现行征地补偿制度上的弊端,很大程度上来源于相关法律的缺失。在我国土地产权制度的法律依据主要来源于《中华人民共和国宪法》以及《土地管理法》中相关条款的规定。《中华人民共和国宪法》第十条规定:"城市的土地属于国家所有。农村和城市郊区的土地,除由法律规定属于国家所有以外,属于集体所有;宅基地和自留地、自留山,也属于集体所有。"新的《土地管理法》第八条和第十条分别规定:"城市郊区的土地属于国家所有。农村和城市郊区的土地,除由法律规定属于国家所有的以外,属于农民

集体所有;宅基地和自留地、自留山、属于农民集体所有。""农民集体所有
的土地依法属于村农民集体所有的,由村集体经济组织或者村民委员会经
营、管理;已经分别属于村内两个以上农村集体经济组织的农民集体所有
的,由村内各该农村集体经济组织或者村民小组经营、管理。"法律规定,非
国有土地或者说是农民集体土地所有者为农民集体。

　　虽然法律清晰规定了土地产权的主体所有制,但是由于现阶段农民集
体组织功能的淡化和界定的模糊,造成了农村集体土地实质上的产权模糊。
宋振湖认为,"国家知识在名义上和法律上承认农村土地归农民集体所有,
而事实上的'集体所有制'表现为无实质内容的空壳"[1]。由于这种特殊的
土地所有权制度,使得在我国农村集体土地的产权表现为产权主体的界定
不明晰、权利内容的模糊化。大量相关研究也表明土地所有权主体的错位、
缺位或虚位,产权关系的模糊,使得土地在流转中出现流转市场混乱、农地
流转过度、农民权益被掠夺等状况。权责不清,也导致失地农民补偿标准始
终无法达成一个共性的认识。

　　(二)补偿方式不科学

　　补偿方式的随意性和不科学性,导致了补偿方式的简单化。对于失地
农民的补偿原则必须基于效率和可持续性的目的。对于政府而言,简单的
货币补偿在短期内虽然使得政府能够以"一刀切"的方式解决农地城市流
转的问题,使农地能尽早进入土地交易市场,促进经济的发展。但从长期而
言,这种方式隐藏着巨大的隐患,并且从货币补偿的边际效用而言,单一的
补偿存在着效用递减的趋势,其对农民福利产生的增量效果并不最优。对
农民自身简单货币补偿使其虽然短时间内得到一笔不小的收入,但失去了
长期生活的保障。要获得效率更优的补偿方式,需要我们对失地农民的福
利影响因素进行科学的分析。首先我们需要了解哪些因素影响了失地农民
的福利大小,其次分析哪些是影响失地农民多维福利的主要方面,哪些因素
是次要方面。进而根据这些因素有针对性地进行补偿,这样大大提高了补

---

① 宋振湖等:《农村土地产权制度分析》,《中国农村观察》2005 年第 3 期。

偿的效率和可持续性。

（三）信息不对称

公共选择学认为,政治信息的不对称,导致了社会活动的不公现象。征地行为中,政府和用地企业处于农地流转市场的强势地位,掌握着充足的信息和话语权,而失 地农民在利益冲突中处于弱势地位,是社会边缘群体,对信息只有被动接受。在征地过程中征地双方信息的不对称,信息公布的不完全,使得农民无法从正常途径了解到征地的用途、征地补偿标准,最终造成政府征地混乱无序、失地农民的征地补偿款拖欠、截留等现象。据浙江省农调队的调查报告显示:有95%以上的失地农民没见过任何公告、文件、手续,85%的农民没有参加过村民大会,70%的农民不清楚具体的征地费数额。信息的不公开往往使得占优势的利益群体利用制定规则和实施规则的权力追求自身利益最大化,导致了政府与特殊利益群体、政府官员"权力寻租"行为的产生。由于政府与这些特殊利益群体作为既得利益者,其往往也疏于或者根本无视补偿制度的执行。

第三节　失地农民多维福利补偿机制优化

在分析认识到补偿机制的现状和问题后,我们从失地农民多维福利补偿的原则、对农民福利补偿的形式以及运行机制中补偿资金的来源等方面来进行补偿机制的优化研究与设计。

一、多维福利补偿的原则

（一）公平合理补偿的原则

农地的城市流转过程使得原有土地上耕种的农民失去了土地,在政府、开发商得到了土地开发的巨额经济利益的同时,农民作为土地的所有者(或使用权拥有者)失去了赖以生存的土地和原有生活环境、工作等,其福利由此受到一定的损失和影响,对此我们必须进行补偿。但福利的补偿并不是随意的,一方面,在补偿时不能因为是经济发展和城市发展的需要,就失地不予补偿或是降低补偿的标准,这损害了农民的权益。另一方面,又不能因为补偿过高而加重了政府财政负担,妨碍社会公共利益的实施,损害了社会其他人群的权益,所以补偿标准的制定需要遵循一定的原则,进行科学、合理和公平的补偿,实现失地农民与社会其他群体共同发展、所有人共享社会进步与经济发展成果的目的,这是我们在福利补偿机制的设计中首要遵循的原则。

(二)更优补偿的原则

对于经济的发展和社会的进步,我们要求的是一个可持续的过程,因此建立补偿的机制也需要考虑政策的可持续性和适应性,切忌"一刀切"和简单货币补偿的模式。福利经济学是一个在公平和效率的前提下,考虑如何重新配置已有的社会资源,使得社会总福利最大化的学科。在农地城市流转中进行公平合理的补偿,考虑的是如何对土地资源流转数量进行控制、如何对流转的利益进行分配,从而在长期和动态的期间内使得社会总福利最大化。而更优补偿的原则,则是根据帕累托最优原理进行补偿制度的改进,在补偿的资源禀赋一定的前提下,对失地农民的各项补偿内容或方式进行细化和优化,进而达到失地农民多维福利的帕累托改进。更优补偿原则是从全社会发展的角度,考虑到不同地区资源禀赋差异、不同省市区域经济发展的水平,城市和农村居民生活方式的异同,以及财政负担的力度等各方面问题,因地制宜、因人而异地做好相关配套政策和制度的工作,循序渐进地对失地农民多维福利补偿的机制进行改进和完善,从而强化多维福利补偿机制的实施效果。

(三)政府主导的原则

《中华人民共和国宪法》规定:"除政府可以依法对农民集体所有的土地实行征用或征收外,其他单位和个人都无权征用或征收土地。"《中华人民共和国土地管理法》也规定:"经营性的项目用地必须是通过国家征收后,出让给开发商。"在其第三十六条强调:"农民集体所有的土地使用权不得出让、转让或者出租用于非农业建设。"1999年,国务院在《关于加强土地转让管理严禁炒卖土地的通知》中规定:农民的住宅不得向城市居民出售,有关部门不得为违法的住宅发放土地使用证和房产证。这一系列法律规定了土地流转的一级市场中,政府处于垄断的地位,任何农村集体土地的流转必须在政府的主导下进行,一切私下的行为和交易都是非法的,无法受到法律的保障。在现行的法律法规的框架下,政府的行为在很大程度上直接影响着失地农民的福利。从政府的职责"服务"而言,政府遵循的价值观念是公平正义,在这一价值取向下,政府最主要职责是保障公民的合法权利和根本利益。在征地过程中农民处于政治和权力的弱势地位,其自身的权利和主张容易被其他强力机构忽视。因此,无论是在征地前期与被征地农民的沟通,被征地农民的意见表达,还是后期对失地农民多维福利补偿的落实和完善,都需要政府的强力支持,以及积极主导,这一角色只有政府能够完成。政府通过法律法规的约束、完善征地补偿的过程和机制,通过财政税收的转移支付,去平衡利益群体之间的差距并监督实施的效果。

二、多维福利补偿形式的拓展

对失地农民给予一定的货币补偿,使之在失去赖以生存的土地后,还能继续其日常生活,这是非常必要的。但是如果补偿仅限于简单的单一货币化的方式,其局限性以及不可持久性的缺陷是相当明显的。多数的失地农民在得到了巨额补偿款后,经济福利的状态在短期内得到明显的改善,但是由于其教育背景、生活方式、投资渠道以及再就业能力的限制,使得很多人失去土地后都无所事事,整日游荡打牌度日,很多人很快地花光了补偿款,生活难以维持。维持时间短、改善状态有限是单一的货币化补偿的缺陷。因此,我们需要开阔思路,扩展补偿的形式,从多维的角度对失地农民的福利进行补偿。在经济补偿标准日益提高的今天,除了给予被征地农民物质福利上的"硬"补偿以外,更重要的是,在精神上、政策上给予其"软"福利上的支持。根据本书在森的可行性能力分析框架下的失地农民多维福利影响因素模型的研究结论,我们针对对福利影响路径较大的因素采取更加针对性和有效性的补偿措施。

1.就业机会以及技能培训的支持。

本书研究模型显示,就业和工作对于失地农民多维福利产生的影响程度最大。因此我们需要加大对失地农民再就业以及技能培训的政策和资金倾斜力度,使用较少的资源禀赋得到农民福利的较大改善。对于不同教育背景、不同年龄以及不同意愿的失地农民给予不同的政策和补偿的选择。对于还有劳动能力的农民,要积极引导其第二次就业,组织承办各种技能培训班,强化农民的非农就业技能,让农民按照需要和兴趣进行选择;对于有创业意愿的失地农民,政府相关部门应在创业阶段给予减免各项费用和税收的优惠政策,在符合条件的基础上,开通快速绿色通道让农民免费办理各项所需证件,在创业资金的贷款上也给予优惠,对于具有可行性的项目降低贷款抵押的标准。对于没有劳动能力的农民,开办各种文化娱乐室,积极引导其参与社区文化建设的活动,丰富失地农民业余生活。

2.给予失地农民参与农地城市流转决策的支持。

征地信息、征地决策以及征地过程的不公开、不透明,失地农民参与农地城市流转相关事件的知情权、参与权、决策权被剥夺,是引发各种不公平问题的重要原因之一,由于信息的不公开给予相关利益群体对农民福利进行掠夺的机会,这是引起失地农民强烈不满的重要因素之一,从相当大的程度上影响着失地农民多维福利的大小。鉴于此,我们首先针对失地农民参与农地城市流转的权利进行改进补偿:采取加强征地前的意见询问制度,要求做到被征地者明确知道被征地面积、征地后的用途、征地的标准等主要征地内容;在决策时,由村民代表和村委会共同参与谈判,决定征地的细节内容;在补偿执行时,任何村民都能全程参与和监督补偿的发放,做到真正的阳光下补偿。再则,从强化农村集体组织的代表性的角度强化补偿农民的决策权。政府对于村民集体决策组织的建立应给予大力支持,做到支持村委会直接由村民选举产生;村民不支持的村委会撤销,重新选举,真正做到村委会代表大部分村民的利益。

三、补偿基金的资金的来源与分配

建立多维的失地农民多维福利补偿基金,促使成立一种长效和可持续机制,需要政府财政的大力支持。在经济发达的地区,政府对于失地农民的转移支付力度较大,可以较好地完成补偿所需资金的供给。但对于经济不发达的地区,政府公共财力有限,并不能全额支持机制的运行,但这并不代表可以降低补偿机制的标准。在有限的政府财力下,更需要我们多方寻求资金的来源,在中央政府的统一调控下,充分调动市场的主动性,双管齐下解决资金缺口问题,维持补偿机制的有效运行。

1.中央政府的转移支付。

农地的城市流转是以城市化的进程和经济的繁荣为目的,失地农民为了社会的利益作出了自己的牺牲。市民和企业从中获取了城市繁荣的正外部效应,政府应该建立相应的法律法规规范转移支付机制,从富裕的个人和企业的发展收益中提取一定比例的资金专款专用,建立从中央到地方的各级财政支付转移的平台,并在各级政府的支出预算科目中建立失地农民补偿预算,用于失地农民补偿的基金的运行,保证其可持续和稳定性。

2.地方政府的土地税收。

税收是国家为满足社会公共需要,凭借公共权力,按照法律所规定的标准和程序,参与国民收入分配,强制地、无偿地取得财政收入的一种方式,是国家财政收入的最主要来源。税收的基本目标是为了经济社会的发展和财富的再次均衡分配。耕地从生地到熟地,由于用途改变以及基础设施的建设产生了巨额的增值收益。这部分的收益一部分被用于再投资促进经济的发展,另一部分则必须被纳入失地农民补偿基金的专项账户中,取之于民,用之于民。

3.市场各个主体的参与。

政府的公共财政负担能力是有限的,要充分调动作为补偿主体的失地农民,以及社会资金的共同参与。采取隔代支付的措施制定激励制度,鼓励农民将部分补偿款或者是自有资金投资于失地农民补偿基金,按照多投多得的理念在未来某一时段对投资的农民进行额外的补偿。本着"谁投资、谁受益"的原则,引导社会资本参与镇村的产业建设,加强完善社区商业网点建设和基础设施的建设,促进当地服务业发展。因地制宜,以系列有特色的龙头企业,增强产业带动能力,吸收当地剩余人力资源。引导社会资本参与鼓励个人或者企业参与农村公益事业,改善教育、医疗的基础条件,配套完善社区服务设施。引导社会资本参与后续安置、马路硬化、"三通一平"、"五通一平"等基础设施建设。在财政投入为主的前提下,加大市场化投资机制,引导社会资本参与失地后农民的生活建设,减轻补偿资金基金的支付压力。

4.基金自身的发展。

资金的持续不断的注入是保障失地农民补偿基金运作的必要条件之一。基金自身也可以实现自我造血的目标。政府通过"优胜劣汰"的竞争机制,委托可以使基金良好运作、有强大的实力和经验丰富且与任何流转主体都无关的"第三方"基金公司对基金的日常行为进行管理。一方面在政府严格规范性制度以及相关法律法规的约束下,进行市场机制的条件下保值、增值行为。另一方面在政府、农民代表的监督下,对资金的支出到阳光操作,公平公正地对补偿进行分配。

本章运用数理经济学分析方法,将农地城市流转过程抽象化和数字化,通过图形分析不公平的流转对于各个权利主体的福利变化的影响,得到不公平流转导致农地过度流转的结论,并分析过度流转对于社会总福利造成的损失。尝试建立一个以社会总福利最大化为目的,且包括所有农地城市流转主体的决策模型,在一系列假设条件下,对模型进行求解。结合农地城市流转中埃奇沃斯盒状图,分析得到农地流转最优流转数量、农地最优价格补偿之间的关系和经济学解释。在补偿资源禀赋一定的假设下,构建失地农民多维福利优化补偿的模型,最终得到失地农民多维福利补偿的帕累托最优解。并以现有的征地补偿过程中存在的问题着手,研究发现现行失地农民补偿制度存在补偿标准较低、补偿方式单一以及补偿执行不到位等问题。通过对现状的进一步研究,认为产权相关法律法规定义不清晰、补偿方式不科学、信息不对称是引发现有问题的更深层次原因。在对现有补偿机制有一个较全面认识后,最终尝试进行失地农民多维福利补偿机制的优化设计,分别从补偿的原则、补偿形式的拓展和补偿资金的来源进行探讨。

第六章 研究结论与讨论

本书从农地城市流转中失地农民的福利状态以及失地农民补偿问题的实地调查入手,结合森的可行性能力分析框架,通过对国内外相关文献的借鉴,构建了失地农民多维福利影响因素的理论分析模型。其次,设计问卷,通过科学的实证研究过程对理论模型进行检验。最后,深入探讨了农地城市流转中补偿制度的优化问题,并提出政策建议,通过数量经济学方法对农地城市流转和失地农民最优补偿相关问题进行求解,验证制度优化的方向。本章将在总结以上各章研究的基础上,给出总的研究基本结论,并针对文章研究的不足之处,加以分析和讨论,最后结合研究结论与需要改进之处提出对未来研究的展望。

第一节 研究结论

一、健康状态、居住状态、社会参与支持、工作状态与补偿公平5个因素影响着失地农民多维福利水平

研究对湖北省武汉市5个远城区以及一个边缘主城区36个村的农户进行调查获得514份有效问卷数据。将数据处理后,代入 AMOS7.0 软件中进行理论模型的拟合度检验,得到主要拟合度指标:CMIN/DF = 1.778,RM-SEA = 0.062,RMR = 0.045。指标显示模型适配度良好,理论模型较好地通过了实证数据的检验。

数据结果显示,失地农民多维福利的主要影响因素可以归纳为健康状态、居住状态、工作状态、社会参与支持与补偿公平5个方面。其中,健康状态是一个人福利衡量的基本指标;居住状态除了能够抵御外部环境的侵害,也是一种身份的象征;社会参与支持,反映了农村居民也应该享有参与事实的权利,是人们追求的更高目标;工作状态,不仅是一个经济问题而且是自我实现的途径;补偿公平,是农民要求和反映最为强烈的问题,也是影响失地农民多维福利的重要因素之一。这五个因素中既有诸如"健康"、"居住"、"工作状态"这些人类福利的基本因素,又包含失地农民所特有的"社会参与支持"、"补偿公平"的因素,具有普遍性和特殊性双重性质,符合森对于特殊人群功能指标选取的要求①。

二、不同的影响因素对失地农民多维福利的影响方式和大小各异

不同的影响因素对于失地农民多维福利的影响存在着巨大差异,主要表现在影响因素对于福利影响的路径、方式以及大小上。在第三章的理论模型部分,笔者对影响因素的影响路径进行了假设:假设1a:健康状态对于失地农民的福利状态有着直接正面的影响;假设1b:居住状态对于失地农民的福利状态有着直接正面的影响;假设1c:社会参与支持对于失地农民的福利状态有着直接正面的影响;假设1d:工作状态对于失地农民的福利状态有着直接正面的影响;假设1e:补偿公平对于失地农民的福利状态有着直接正面的影响;假设2a:居住状态对于补偿公平有着直接正面的效果;假设2b:工作状态对于补偿公平有着直接正面的效果;假设2c:社会参与支持对于补偿公平有着直接正面的效果;假设3a:居住状态通过补偿公平对于福利状态有着间接正面的效果;假设3b:工作状态通过补偿公平对于福利状态有着间接正面的效果;假设3c:社会参与通过补偿公平对于福利状态有着间接正面的效果。通过实证调研数据,验证了其中的10条路径假设

---

① Sen, A. K., "Maximization and the Act of Choice", *Harvard Institute of Economic Research*, Vol. 65, No. 4, July 1996.

关系,综合表述为:健康状态、居住状态、工作状态、补偿公平对福利的状态有着直接的影响。居住状态、工作状态、社会参与支持对补偿公平有着直接的影响;而居住状态、工作状态、社会参与支持又通过对补偿公平的影响,间接影响着福利的状态。

模型中的各条路径系数反映了各影响因素对于福利状态以及因素之间的影响大小。结果显示,影响各因素对于福利的直接影响大小依次为:补偿公平(0.50)、工作状态(0.47)、居住状态(0.11)、健康状态(0.03)和社会参与支持(0.00)。其他因素对补偿公平的影响依次为:工作状态(0.41)、社会参与支持(0.16)和居住状态(0.15)。综合考虑各因素与福利状态的直接和间接影响后排序为:工作状态效果(0.705)、补偿公平(0.50)、居住状态(0.185)、社会参与支持(0.08)和健康状态(0.03)。模型结果表明,工作状态和补偿公平是影响失地农民多维福利大小的最重要的两大因素。其中,工作状态直接体现了农民物质福利和非物质福利的水平;而补偿公平则是失地农民对于补偿政策是否满意,心理是否得到满足感的重要体现。居住状态、社会参与支持以及健康程度,虽然对福利产生影响,但是其效果并不如工作状态和补偿公平对福利产生的影响明显。

三、失地农民多维福利改进:制度优化方向是以可持续发展为目标,实现社会总福利的帕累托改进

针对农地城市流转的行为,对各个权利参与主体的福利进行数理经济学分析,辅以经济学图形进行解释说明。分析显示,当农地流转的征地价格不能反映农地的真实价格时,就会引起农地城市的过度流转;与适度农地城市流转量相比,农地过度流转会造成社会总福利的损失。我们针对农地城市流转行为,建立一个纳入所有权利主体的福利分析模型,在效率最大化和公正的前提下,以有序农地流转市场和实现可持续发展为目的,求解最优的流转时机和征地价格,最终达到社会总福利函数的最大化。求解认为,在完全竞争土地流转市场的假设与资源禀赋一定的前提下,社会总福利的最优发生在社会总福利无差异曲线与资源约束线相切时,此时流转了 q_{t1} 数量的

农地资源。结合最优流转数量,通过埃奇沃斯盒(Edgeworth Box)分析确定农地帕累托最优补偿价格,是在农地资源与货币资源对于农民集体、地方政府及土地开发商边际效应无差异情况下产生的,在此价格下,无论双方选择哪一种物品,其边际替代率都是一样的。分析确定了 t 时刻农地城市流转最优流转数量和农地最优补偿价格的约束后,进一步分析如何优化农民福利。本书针对现实中失地农民的补偿问题进行一系列合理的假设,建立失地农民多维福利的效用函数模型进行分析,并运用拉格朗日方程对效用函数模型求极值,得到方程的最优解,这一最优解说明应根据失地农民多维福利中不同因素的效用程度进行补偿,将资源禀赋向对失地福利影响程度较大的因素倾斜,当影响因素的边际替代率相同时,实现失地农民多维福利补偿的最优化。

四、改革现行失地农民多维福利补偿机制,加强可行性能力补偿,是进行有效补偿的根本

通过对现行失地农民多维福利补偿机制的研究,认为征地补偿的标准较低、征地补偿方式单一、补偿措施执行不到位,是现行福利补偿机制存在的三大最主要问题。在对这些问题进行更深层次探究后,我们判断,土地产权制度的不明晰、补偿方式的不科学以及在征地过程中的信息不对称,是这三大问题的机制层面上的诱因。在清晰补偿机制的现状后,本书围绕补偿机制的原则、补偿机制的拓展形式以及补偿资金的来源三个方面来进行阐述,设计优化失地农民多维福利补偿机制。其中,我们认为补偿机制的原则应该从公平合理、更优补偿和政府主导这三个方面来进行把握。在农地城市流转的权利群体利益复杂交换的过程中,实现对失地农民多维福利进行补偿机制的效率优化,必须通过政府的主导来实现。在补偿机制优化、拓展方面,强调根据本书的结论,强调需要对就业机会、技能培训与失地农民参与农地城市流转决策等对失地农民多维福利影响较大的因素给予更多的政策和资源的倾斜,实现机制的进化。

第二节　研究的不足与展望

本书虽然通过较为严谨的理论论证和实证检验取得了若干的研究结论,但是由于各种主观和客观的原因,研究仍然存在不足。目前,失地农民多维福利影响因素和测度的研究总体上还处于起步的阶段,其福利理论体系的构建、因素分析、观测项的选择、研究方法的创新等各方面也还有许多重要理论和实际操作的问题亟待深入探讨。这些不足需要通过进一步的后续研究来完善。

一、研究的不足

(一)建立的理论模型还有待不断完善

福利经济学作为一门独立经济体系,由于不同时段人们对于"福利"所包含内容的认识不同而争议不断。本书所选择的福利经济学理论是继Pigou 的旧福利经济学理论和 Hicks 的新福利经济学理论后,目前主流经济学界较为接受的森的"可行性能力理论"福利经济学分析框架。但这并不能保证可行性能力理论始终是最合适的福利分析理论,因此理论模型的分析框架存在一定的时效性。就具体内容而言,可行性能力分析框架只是一个分析工具,并没有提出具体的失地农民可行性能力(或者称影响因素)的指标名单。本书所提出的针对失地农民多维福利的健康、居住、社会参与支持、工作、补偿公平等指标,是通过文献回顾理性分析和实际调查的感性认识的基础上提出的。但是由于我国农地城市流转的特殊性,使得国外相关文献的借鉴性非常有限,而国内基本上没有此方向的研究,文章提出的可行性能力的具体名单有待他文呼应检验。

(二)潜变量问卷测量量表的效度有待提高

问卷的设计是联系理论模型和实证模型的关键纽带,问卷的质量直接关系到实证检验的成功与否。本书问卷的部分内容在观测变量选取的设计中,参考了国外较为成熟的量表观测变量。但对于失地农民所特有的观测变量的选择,则是在结合相关理论与征地补偿过程以及失地农民所面临的实际问题的基础上提出的,与国外某些经过多次反复实证修正的量表相比,观测变量的选择显得比较稚嫩。本书量表的观测变量虽然在测量方程适配度检验上有良好的结果,但是最终结构方程的拟合度却显示效果并非很优良,与成熟的量表结果相比还存在着较大的改进空间。这说明本书的量表在观测变量的选取上仍然需要更加深入的思考和多次实证调查验证,逐步地改进研究问卷的观测项,从而提高问卷的信度和效度。

(三)调查对象分布和样本的局限性

衡量调查数据质量的好坏包括:调查对象的选取、调查区域的范围和样本数量的大小等,这些对于最终研究结论都会有着不同程度的影响。从调查样本数据的普适性而言,在本书中选取武汉市城乡交错地带作为实证的区域,对象选取的也是当地的失地农民。虽然在样本的统计分析中,样本的数量和分布达到了数据处理的要求,但是得到的实证结论或多或少地带有“中部地区大城市边缘区域失地农民多维福利”实证研究的局域性。作为立足于中国城市化背景下的研究,无论是问卷的设计,还是最终结论的应用,应该有着更多的普适性和应用性。在本书中,由于受到人力、物力以及时间关系的约束,所选取调查区域的样本代表性可能存在不足,样本的数量也偏少。从调查样本的个人特征数据上而言,虽然研究发现人口统计变量对于失地农民的福利有着显著的影响效果,区分不同的年龄、收入、性别、职业等特征数据的失地农民,对于失地农民多维福利感的研究有着积极的实践意义,并且征地对象被征地的数量、征地前土地的类型、征地后土地的用途、征地的年限的不同显然也会引起农民福利感觉的不同,但是如果在路径影响分析中引入了这些人口统计变量对失地农民多维福利的影响,那么无论是在数据的处理上,还是结构、测量模型的复杂程度上都会大大加深,得到的结论也会过于细化。由于时间和精力的限制,如何合理加入个人特征变量这方面的研究还有待进一步探讨。

（四）研究基于假设，在实际操作中还存在难度

本书得到了影响失地农民多维福利的主要因素，描述了其对福利影响的路径，并测度了大小。研究认为，工作状态因素和补偿公平因素是对于失地农民多维福利影响最大的两个因素，其总的路径影响系数分别为 0.705 和 0.50。根据结构方程的计算原理，这两个系数表示因素的权重系数，而福利等于权重系数乘以影响因素的值加上残差。理论上应该给予权重系数较高的影响因素更多的资源倾斜，诸如就业状态的提升等可以通过加大再就业技能培训的资金投入、增加工作就业选择等措施来实现，这些投入都能够通过某种技术手段的转换来实现量化。但是补偿公平因素的改进是通过政策支持、民主监督等制度、机制、法律手段的改进来实现的。这些改进措施如何量化其投入资源禀赋量？制度的执行成本又如何计算？从目前来看，还没有很好的方法来对这些软环境的改变进行量化的统计。因此，在具体实施的过程中存在着不能按照理论结果精确进行补偿制度优化的问题。

二、未来研究方向

农地城市流转对于失地农民的福利影响是巨大的，这种影响会随着城市化的提高而持续扩大。本书尝试通过福利经济学的理论来分析影响失地农民多维福利的因素，并提供针对性的政策建议。福利经济学是一门不断发展的前沿学科，在运用其研究失地农民多维福利的过程中，交叉使用到了多门学科的理论和方法。福利影响因素之间的关系错综复杂，但是这一研究工作又十分必要。由于笔者研究水平、时间以及物质条件的局限性，使得在本书的研究中还有若干已经认识到，但无法解决的问题，有待后续研究解决。

（一）研究样本的改进

上节提到在样本区域的选择上，本书样本的代表性不足，数量较少。在后续的实证研究中可以从东部、中部、西部这三个中国经济发展不同发展水平的区域来进行实证调查，进行更大规模的社会调查。一方面，扩大样本调查区域的范围和样本数量，可以增加样本的代表性；另一方面，通过不同区

域的实证研究可以对调查量表的问题进行更多的验证,从而得到普适性更高的调查量表,模型的适配度和通用性也将更高。

(二)研究方法的改进

作为实证研究的范式,首先提出理论假设,其次剔除人类行为或者其他因素对研究造成的影响,然后建立模型,最后通过调查研究对假设理论进行验证。这种假设演绎作为经济学和其他社会科学主流的研究方法,只能被动地接受各种假设条件,不能像自然科学那样设计并控制各种变量条件,其研究的严密性往往受到自然科学家的诟病,结论运用也存在各种限制问题。实验经济学(Experiments with Economic Principles)是经济学实验方法中一个崭新的分支。经济学家运用假设的方法模拟实际经济生活中的相似环境,并按照一定的规则和互动条件给予实验者一定的经济刺激,并不断地改变实验中模拟的各项参数,对数据进行加工整理分析,从而研究经济问题的方法。其有着实证的归纳演绎法无法比拟的优势:首先,通过选择有独立思考和学习能力的人作为实验的对象,取代了简单的"理性经济人"的假说,并用数理统计法取代过去的数学逻辑推导,将社会的实际情况与理论研究高度结合起来,解决了以往过于抽象的问题。其次,实验经济学具有可重复操作性,这正是过去社会实证研究中所面对的关键问题。其用实验的数据替代了历史数据,并可以进行实验的改造和重复验证。最后,运用实验经济学的方法,我们可以较为方便地设置和操纵各种实验条件,提出非决定性因素对实验的影响,进而达到了对研究主动检验的目的。Frohlich 和 Oppenheimer 运用实验经济学在 20 世纪 90 年代进行了社会福利方面一系列具有系统性的开创研究①。实验经济学的兴起标志着经济学方法论上的重大变革,在国外已逐渐成为主流经济学理论家和实证家争相尝试的研究工具。如何根据实验经济学的原理,控制实验的各种因素,使其达到我们在现实生

---

① Frolich and Oppenheimer, *Choosing Justice: An Experimental Approach to Ethical Theory*, London: University of California Press, 1992, p.253; Frolich and Oppenheimer, "Preferences for Income Distribution and Distributive Justice: A Window On The Problems of Using Experimental Date in Economics and Ethics", *Eastern Economic Journal*, Vol. 20, No. 2, Spring 1994.

活中一般实证研究里所达不到的条件,对农地城市流转背景下的失地农民多维福利问题进行研究,是一个新颖而且大有可为的研究方向。

（三）其他相关主体的福利研究

农地城市流转是一个涉及众多权利主体的社会变革过程。除了失地农民这一最受关注的权利主体外,农地城市流转对于地方政府、中央政府、土地开发商以及我国特有的农村集体经济组织,甚至城镇居民的福利也有所影响。这些影响不仅涉及各流转主体本身,更对农地城市流转的其他主体产生错综复杂的影响。那么农地城市流转究竟对于权利主体有哪些影响,这些影响又是通过什么路径实现的,影响的范围、程度如何? 仅仅对单一主体的福利进行研究,无法建立完整的福利均衡研究体系,如何构建一个包含所有相关权利主体福利的完整分析框架? 这些都是值得我们深入研究的领域。

（四）如何从制度上将成果指导实践操作

文章构建的失地农民多维福利补偿机制的优化措施是一种前沿的探讨性分析,加之其中各个因素资源的量化问题。从现实的角度而言,机制的优化实施还缺乏一定的基础。就补偿机制中基金的运行、支付措施、资金的来源等设想,在实际生活中可能还无法马上进行操作实施,所存在的问题也无法暴露,如果考虑不周,一旦运行则有可能会产生巨大的损失。今后对于补偿机制的研究方向一方面是根据理论模型的结论进行补偿的量化研究,另一方面需要我们针对补偿机制中各个参与部分的完备性和可操作性来展开。而对于机制优化中的补偿公平以及社会参与支持的优化改进而言,其中很重要的一个前提条件就是,农村集体组织能够代表农民的意愿行使各种权力,村民能够参与并监督农村集体的各项决策,如何实现这种变化,则需要我们从法律和制度的角度对其进行探讨研究。

附　　录

1. 2007 年实地调研问卷

2007 年湖北省农民征地问题研究调查问卷

（农户类）

调查单位:华中农业大学土地管理学院

调查者:　　　　　调查时间:

调查对象:　县(市)　区(乡、镇)　村(居委会)　组

问卷编号:

第一部分　农户对征地的认识与态度调查

您认为土地对农户家庭的作用有哪些:

A.家庭收入主要靠土地　　B.全家日常生活所需食品靠土地提供

C.家里有土地感觉有保障,种地牢靠、保险　　D.子女可以继承

E.被征地后可以获得补偿　　F.生活在农村,环境好、空气清新

G.其他作用:　　H.土地没什么用

您认为承包土地属于谁所有:A.国家　B.政府　C.村　D.组　E.个人

您所在的村集体承包地按_____方式分配:

A.所有人口　B.成年人口　C.劳动力　D.家庭　E.集中给大户承包
F.其他

现在种地(种植粮食作物)的效益：

A.很赚钱　B.略有盈余　C.贴本　D.时好时坏不稳定

请您估算一下每亩水田每年可以净赚多少钱：

A.1000元以上　B.800—1000元　C.700元左右　D.600元左右

E.500元左右　　F.400元左右　　G.300元左右　H.200元左右

I.100元左右　　J.50元左右　　K.50元以下

如果您认为种地赚不到钱，您还是继续种地的原因是：

A.今后保留养老生活的保障　B.以后种地越来越有利可图

C.为后代留下可耕地　D.只会种地

E.在城市找不到工作就回家种地　F.政府征地时可以获得一笔补偿金

G.其他(请自由填写)

您认为本地征地的数量是多了还是少了？A.适当　B.过多　C.过少

您认为国家是否有权征收您的土地：A.有　B.没有　C.不知道

国家征收您的土地用于道路建设等公益用途,您是否愿意获得的补偿
低些：

A.愿意　B.不愿意　C.不知道

国家征收您的土地用于经营性用途,如工业或者房地产开发,您是否愿
意获得的补偿低些：

A.愿意　B.不愿意　C.不知道

您认为征地使得生活变：

A.明显改善　B.略强于失地前　C.基本差不多

D.略差于失地前　E.明显差于失地前

您是否愿意土地被征：

A.愿意。原因是(可多选)：

①可以获得一笔补偿收入　②种地不挣钱,不干农活挣的钱更多

③生活标准提高(非生活质量)　④不想再当农民,可以转为城镇居民

户口　⑤改善地方交通、通讯、学校、医疗等基础设施和公共服务条件

其他：

B.不愿意。原因是(可多选)：

①征地的补偿费太低　②没有土地生活无保障

③被征地农户的收入减少,生活水平有所下降

④很难找到合适的工作

⑤土地还会增值,想留到以后征获得更多补偿

⑥被征地农户的收入减少,生活水平有所下降

⑦政府强行征地,不管农民的意见

⑧基本农田保护区或是其他农业园区形同虚设,征地根本不受保护区的限制

⑨基本没有补充和保护农地的措施

其他：

您对当前的土地征收政策满意吗？ A.满意 B.不满意 C.一般

如果不满意,您希望土地征收政策在哪些方面进行改进？

A.村组织能代表村民直接与地方协商谈判

B.鼓励村民参与征地谈判,如果村民不同意,征地就不能进行

C.集体土地以地入股分红的方式,能长期获得收益

D.公开公平分配征地补偿费用

E.组织被征地村民非农就业培训,增强劳动技能

您对目前土地征收的补偿金额满意吗(A.满意,B.不满意),需要调整的方向为：

(1)给农民的青苗费、地上附作物补偿费和部分安置费需要

(A.提高,B.不变,C.降低)

(2)给集体的土地补偿费和部分安置补助费需要(A.提高,B.不变,C.降低)

(3)地方政府获得的土地出让金以及在土地征收过程中以税费形式获得的收益需要(A.提高,B.不变,C.降低)

您现在家庭的经济收入与征地前比较增加了还是减少了：

A.增加了　　B.减少了　　C.没变化

您对目前家庭收入的满意程度：

A.很满意　　B.一般满意　　C.不好不坏

D.不满意　　E.很不满意

您对个人健康的满意程度(身体状况如何)：

A.很满意　　B.一般满意　　C.不好不坏

D.不满意　　E.很不满意

您对平时的休息时间长短是否满意(是否能休息好)：

A.很满意　　B.一般满意　　C.不好不坏

D.不满意　　E.很不满意

从农村发展未来趋势和您自身需要的角度看,村集体组织的作用应该加强或削弱：

A.应该不断加强　　B.保持现状　　C.没有存在的必要　　D.无所谓

原因(自由填写)：

村集体是否有权参与分配土地补偿费：

A.有权　　B.无权　　C.根本不应该　　D.无所谓

如果您认为村组有权留用部分土地补偿费,这个比例大概应该是多少?

A.10%以下　　B.10%—20%　　C.20%—30%　　D.30%—40%

E.40%—50%　　F.50%—60%　　G.60%—70%　　H.70%—80%

I.80%—90%　　J.90%—100%

您认为村集体是否有权留用部分青苗及地上附着物补偿费：

A.肯定不能　　B.不能　　C.可以留用一点　　D.视情况而定

您认为村集体是否有权留用部分劳力安置费：

A.肯定不能　　B.不能　　C.可以留用一点

D.如果负责安排劳力就可以留用

村组留用的土地补偿费是否应该在村和组之间分割? A.应该 B.不应该,原因

如果您认为应该,那么组应该分割的比例为:_____

A.10%以下　　B.10%—20%　C.20%—30%　D.30%—40%

E.40%—50%　　F.50%—60%　G.60%—70%　H.70%—80%

I.80%—90%　　J.90%—100%　K.视具体情况而定　原因(自由填

写)_____

第二部分　历年土地征收(征收,征用)情况

1.农户农地资源现状

(1)您家耕作的土地属于(客观):A 农村集体所有　B 国家所有

(2)农地资源现状

地　类 (　　)年	耕地			园地	林地	养殖水面	其他	总计
	菜地	水田	旱地					
家庭现有农地面积(亩)								

2.近年农户家庭被征地情况

次数	征地年份	征收或征用	征地用途	征地面积							总补偿费用(元)				
				水田	菜地	旱地	园地	林地	养殖水面	其他	土地补偿	地上附着	青苗补偿	安置补助	总补偿

最近一次征地后,您是否还得到以下补偿方式:

A.土地出租方式,签订出租合同,每月收取土地租金(　　　　)元/亩

B.入股分红方式,村里每人每(月,年)发放(　　　　)元红利,家庭有

(　　　　)位成员享有分红的权益,一年可获得集体红利(　　　　)元

3.您对征地补偿款是否满意?(　　)

A.非常满意　B.基本满意　C.无意见　D.不满意　E.非常不满意

4.最近一次的被征土地质量:A.高产田　B.中产田　C.低产田

5.最近一次征地前农户农地收益状况:

地类 作物名称	水田				旱地				鱼塘	
	早稻	中稻	晚稻		小麦	油菜	棉花			
种植面积(亩)										
亩均产量(斤/亩)										
每斤销售单价:元										
投入 种子										
化肥										
农药										
劳动力										
机械										

　　物质投入包括种子、化肥的投入,劳动力投入是假设全部请人耕作,需要付的钱,机械是使用机耕具所要付出的钱。最好能利用农村土地分等定级和征地区片价资料。

　　6.征用宅基地征用及补偿状况

　　(1)您家住房是否被征?　　A.是　B.没有

　　(2)如果被征,征用年份_____,征前房屋建筑面积_____平方米以前房屋的结构:A.砖混结构　B.砖木结构　C.土木结构　D.其他

　　(3)现住房建筑面积_____平方米,如果是拆迁安置房,自家共花费_____元。

　　现在房屋的结构:A.砖混结构　B.砖木结构　C.土木结构　D.其他

　　是否有自来水:A.有　B.没有,需去其他地方取水

（4）征用及补偿状况

宅基地安置补偿情况	宅基地的补偿情况:原住宅的补偿费＿＿＿＿元/平方米 安置住宅的优惠政策:购买价格＿＿＿＿元/平方米 建筑面积＿＿＿＿平方米 其他 　　房屋过渡期间的补偿情况
您对住宅补偿的满意程度	A 很满意　B 一般满意　C 不好不坏　D 不满意　E 很不满意

7.社会保障状况

保障类型	征地后				满意度
	享有人数	自筹资金（元/月）	保障标准	享有时间	
养老保险					
医疗保险					
最低生活保障					
再就业培训					
失业保险					
征地后就业安置	安置就业人口数＿＿＿＿人,职业类型 月薪＿＿＿＿,每年工作＿＿＿＿月 自己择业＿＿＿＿人,月薪＿＿＿＿,每年工作＿＿＿＿月 家庭失业人口数＿＿＿＿人(18 岁以上,60 岁以下劳动力在地被征后,打临工一年累计少于 3 个月) 其他就业安置方式				

注:满意度填写 A.很满意　B.一般满意　C.不好不坏　D.不满意　E 很不满意

8.以下征地补偿方式,您认为哪种方式最好?（　）

A.一次性补偿　B.土地出租　C.土地入股　D.土地换就业

E.土地换保障　F.其他

9.您认为您的土地被征收后,除得到征地补偿款,还需要政府提供哪些基本的社会保障?

　　A.最低生活保障,每月最低生活费在( )元

　　B.城镇养老保障,同城镇职工一样达到一定年龄后每月可领取( )元的养老金

　　C.医疗保障,同城镇职工一样,遇到大病可报取一部分医疗费,最高每月可报取( )元的医疗费用

　　D.失业保障,失业后政府至少要提供( )元的失业保障金

　　E.其他保障,如_____

　　10.如果您家土地完全被征,您的家庭自行购买了以下哪些商业保险?( )

　　A.养老保险_____,_____。

　　B.医疗保险_____,_____。

　　C.其他保险_____,_____。

　　11.如果您曾被征过地,但还有部分土地,您的家庭用征地补偿款自行购买了以下哪些商业保险?( )

　　A.养老保险,_____。

　　B.医疗保险,_____。

　　C.其他保险,_____。

　　12.如果您曾被征过地,但还有部分土地,是否有到银行或保险公司购买相关的医疗保险或养老保险的想法? A.有 B.没有 C.听说 D.没有听说

　　13.土地被征用时,村集体是否曾征询过村民的意见?( )A.有 B.没有

　　14.征地补偿款应该多少,村集体或村民代表是否曾代表过你们和相关部门讨价还价?( )A.有 B.没有

　　15.如果您家土地从未被征,请问:

　　(1)农业种植在您家庭总收入中占据多大的比例?( )

　　A.10%以下 B.10%—20% C.20%—30% D.30%—40%

E.40%—50%　　F.50%—60%　　G.60%—70%　　H.70%—80%

I.80%—90%　　J.90%—100%

（2）如果土地被征用,您希望采取以下哪种补偿方式?（　　）

A.一次性支付征地款　　B.土地出租,按月收租金　　C.土地入股,按期分红　　D.土地换就业　　E.土地换保障

（3）如果土地征用时,您希望得到以下哪些社会保障?（　　）

A.同城镇职工一样有养老保障　　　　B.同城镇职工一样有医疗保障

C.同城镇职工一样有最低生活保障　　D.同城镇职工一样有失业保障金

E.其他

16.土地被征用后,村集体是否对集体土地重新分配?（　　）A.有B.没有

第三部分　征地前后农民和村集体对农地征收的意愿价格调查

本部分主要通过问询征地前后农民和村集体对农地征收的意愿价格,这次活动不受任何政府、团体和个人的委托或资助,仅用于学术目的。本书结论将为我国土地征收政策和法律改革提供依据,请给予支持、配合,如实填写您的真实想法和意愿,谢谢!

请先阅读下面这段话:1.政府的征地活动可能会影响到您的原有生活方式和生活水平,这些影响包括:有利的影响,比如您可以获得一笔现金或者有更多的从事非农就业的机会等;不利的影响,如失去土地这个生活保障工具或者生活成本增加等。即使您没有土地被征用,您可以提供其他被征地农民朋友的有关信息。请您权衡有利和不利的各种影响,填写下列有关提问。

特别说明（知识介绍）：

A.在本问卷中,土地征收与传统土地征用的含义一样,是土地所有权由集体向国家的转换,同时农户失去承包权。

B.征地补偿一般由三部分组成,一是土地补偿费,二是劳力安置费,三是青苗及地上附着物补偿费。

1.为了保障您的生活水平在征地后不下降,那么您认为您可以接受的最少补偿价格每亩是多少钱? 按地类区分:(请在您认可的答案后画钩)

(1)其中水田多少钱一亩?

A.11 万以上 B.11 万—10 万 C.10 万—9 万 D.9 万—8 万 E.8万—7 万 F.7 万—6 万 G.6 万—5 万 H.5 万—4 万 I.4 万—3 万 J.3万—2 万 K.2 万—1 万 L.1 万—0.5 万 M.0.5 万 如果认为高于 11 万或者低于 0.5 万请自由填写价格_____万。

(2)旱地多少钱一亩?

A.11 万以上 B.11 万—10 万 C.10 万—9 万 D.9 万—8 万 E.8万—7 万 F.7 万—6 万 G.6 万—5 万 H.5 万—4 万 I.4 万—3 万 J.3万—2 万 K.2 万—1 万 L1.万—0.5 万 M.0.5 万 如果认为高于 11 万或者低于 0.5 万请自由填写价格_____万。

(3)菜地多少钱一亩?

A.11 万以上 B.11 万—10 万 C.10 万—9 万 D.9 万—8 万 E.8万—7 万 F.7 万—6 万 G.6 万—5 万 H.5 万—4 万 I.4 万—3 万 J.3万—2 万 K.2 万—1 万 L.1 万—0.5 万 M.0.5 万 如果认为高于 11 万或者低于 0.5 万请自由填写价格_____万。

(4)养殖水面多少钱一亩?

A.11 万以上 B.11 万—10 万 C.10 万—9 万 D.9 万—8 万 E.8万—7 万 F.7 万—6 万 G.6 万—5 万 H.5 万—4 万 I.4 万—3 万 J.3万—2 万 K.2 万—1 万 L.1 万—0.5 万 M.0.5 万 如果认为高于 11 万或者低于 0.5 万请自由填写价格_____万。

附:下面的问卷是对农户征地接受意愿的另外一种调查方法,如果已采用了上面的支付卡式问卷进行了调查,则不需要进行。(备注:第一个补偿价格由调查者填写,按照 12 万、10 万、8 万、6 万、4 万、3 万、2 万、1 万、0.5万 9 个组随机选定。如果被调查者同意此价格,则第二个补偿价格向下减一个档次,反之加上一个档次。还要注意保持初始调查价格频次的平均分配)(双边界两分式)

农户填写:为了保障您的生活水平在征地后不下降,以下的补偿价格您是否同意?

按地类区分:(请在您认可的答案后画钩)

A.水田每亩补偿您＿＿＿＿万元。同意　不同意

　　每亩补偿您＿＿＿＿万元。同意　不同意

B.旱地每亩补偿您＿＿＿＿万元。同意　不同意

　　每亩补偿您＿＿＿＿万元。同意　不同意

C.菜地每亩补偿您＿＿＿＿万元。同意　不同意

　　每亩补偿您＿＿＿＿万元。同意　不同意

D.养殖水面每亩补偿您＿＿＿＿万元。同意　不同意

　　每亩补偿您＿＿＿＿万元。同意　不同意

第四部分　征地后农户生活状况调查情况

最近一次征地前后农户生活收支情况调查

(1)征地前您的家庭其他农业副业(如养猪、鸡、鸭等)的年纯收入是＿＿＿＿元,征地后是＿＿＿＿元。

(2)征地前家庭每月花在购买食品上的钱是＿＿＿＿元。征地前每年的人情支出大概要＿＿＿＿元,上学＿＿＿＿元,看病＿＿＿＿元,水电气热＿＿＿＿元,其他＿＿＿＿元。

征地后家庭每月花在购买食品上的钱是＿＿＿＿元。每年的人情支出大概要＿＿＿＿元,上学＿＿＿＿元,看病＿＿＿＿元,水电气热＿＿＿＿元,其他＿＿＿＿元。

土地被征后您认为现在所住地方的社会治安是否得到改善?

A.是,治安状况比以前改善了　B.没有改变,跟以前一样

C.治安变得更差了　D.说不清楚

被征地后,您认为当地的空气质量是否下降了? A.是　B.否　C.不清楚

被征地后,您认为是否有更多的噪音污染? A.是　B.否　C.不清楚

您是否认为征地后自然景观也被破坏了？ A.是　B.否　C.不清楚

您家土地补偿费主要用途是什么？

A.盖房　B.学费　C.存银行　D.日常生活花费　E.经商　F.购买保险　G.其他

征地后是否安排了就业培训？ A.是,安排了　B.没有安排

如果安排了,对您是否有帮助？ A.有帮助　B.没有帮助。如果没帮助,为什么？

您家有_____处房屋出租？从_____年开始？月租金_____元,一年可出租_____月。

家中土地是否有入股？ A.是　B.否

共_____亩土地入股,如何分红？

被调查农户基本家庭情况

全家共_____口人,其中_____个主要劳动力,_____个被抚养人口(包括老人、小孩、学生、病人等)。

下面仅填写受访者、户主以及主要劳动力的个人情况(请标明受访者 s 和户主 h)：

编号	性别 1男 2女	年龄	教育程度	是否主要劳动力 1是 2否	是否村干部 1是 2否	是否党员 1是 2否	主要职业		如果有非农收入纯收入（元/月）		每年能够从事兼业的时间(月)	
							征地前	征地后	征地前	征地后	征地前	征地后
1												
2												
3												
4												
5												

填上表说明：

主要职业:1 在家完全务农,2 在家以务农为主,3 外出打工,4 民办教

师,5 医生,6 个体经营,7 其他的请说明。

第五部分　当前我国农村养老保障情况调查

您的家里有(　　)位年龄在 60 岁以上的老人,他们目前的具体情况请填写:

	成员 1	成员 2	成员 3	成员 4	成员 5
年龄					
性别					
是否和子女一块生活					
是否有退休金					
是否参加养老保险					
是否村里有其他养老政策					
是否靠子女赡养					
子女每月给多少生活费					
对子女的赡养是否满意					
是否仍务农					
每个月基本生活费					
村里给老人的承包地面积					
自己种植多少亩地					
是否参加合作医疗					
是否参加医疗保险					
每个月平均医疗费用					

4.您认为您 60 岁以后养老主要依靠哪些方式?(　　)

A.子女赡养　B.自己劳作　C.养老保险　D.其他方式,如_____

您认为哪种方式最重要,请按顺序填写:_____

5.您个人认为,承包地在您失去劳动能力后所起的养老保障功能重要吗?(　　)

A.非常重要　B.重要　C.有些作用　D.不重要

6.在您失去劳动能力后,您的家庭承包地如何处理?(　　)

A.子女继承　B.请人代种　C.转租转包　D.给人种　E.村里收回

如果是 C 和 D 两种方式的,每亩地每年能象征性收到_____元。

7.您及您的家庭是否已经购买了商业养老保险或其他保障?(　　)

A.有　B.没有　C.未曾听说

如果"有"的话,具体情况是

8.是否有购买商业养老保险及相关理财产品的想法?(　　)

A.有　B.没有　C.未曾听说

第六部分　我国农村医疗保障情况调查

1.您的家庭共有(　　)人参加农村合作医疗保险,(　　)年开始参加,每年缴费(　　)元/人,报销医疗费用的情况

2.您的家庭共有(　　)人参加商业医疗保险,(　　)年开始参加,每个月缴费(　　)元/人,报销医疗费用的标准是

3.一般情况下,您的家庭每年花在医药方面的开支大约(　　)元?

A.<100 元　　　　　B.100—200 元　　　　C.200—300 元

D.300—400 元　　　E.400—500 元　　　　F.500—600 元

G.600—700 元　　　H.700—800 元　　　　I.800—900 元

J.900—1000 元　　　K.1000—1100 元　　　L.1100—1200 元

M.1200—1300 元　　N.1300—1400 元　　　O.1400—1500 元

P.1500—2000 元

4.您所在的村集体有以下哪些医疗及卫生机构?(　　)

A.村级卫生所(站)　B.私人诊所　C.药店　D.没有

5.离您的家里最低的医院或卫生站大约有多远?(　　)

A.1—2 公里　B.2—3 公里　C.3—4 公里　D.4—5 公里　E.5—6 公里

F.6—7 公里　G.7—8 公里　H.8—9 公里　I.9—10 公里　J.10 公里
以上

6.您生病时会选择去医院看病吗?(　　)A.会　B.不会　C.实在挺
不住了才会

7.您对通常几天都好不了的疾病是选择到哪些地方去看病?(　　　)

A.私人诊所　B.乡镇里的医院　C.县城的医院　D.药店　E.其他

选择到该处去的主要原因是

8.生病较严重时,您会选择到医院住院治疗吗?(　　　)A.会　B.不会
C.实在挺不住了才会

9.您到诊所看病,是否能够报销部分医药费?(　　　)A.能够　B.不
能够

10.对于一般普遍的疾病,到医院看病一般要花多少钱?(　　　)

A.<10 元　　　　　B.10—20 元　　　C.20—30 元　　　D.30—40 元

E.40—50 元　　　F.50—60 元　　　G.60—70 元　　　H.70—80 元

I.80—90 元　　　J.90—100 元　　　K.100—110 元　　L.110—120 元

M.120—130 元　　N.130—140 元　　O.140—150 元　　P.150—200 元

11.通常您一年要到卫生所或诊所看病(　　　)次?

A.1—2 次　B.3—4 次　　C.4—5 次　　　D.5—6 次　　E.6—7 次

F.7—8 次　　G.9—10 次　　H.11—12 次　I.12 次以上

12.您最近两年内到过县级或市级的医院看病(　　　)次,每次至少要花
(　　　)元?

第七部分　　我国农村最低生活保障情况调研

1.您的家庭目前是否有负债?(　　　)A.有　B.没有

2.您的家庭如果有负债的话,请问负债的原因是(　　　)

A.孩子上学　B.建房　C.生产经营　D.生病　E.其他

3.您的家庭收入除去日常开支每年最多可以存(　　　)元?

A.<1000　　　　　B.1000—3000　　C.3000—5000　　　D.5000—7000

E.7000—9000　　F.9000—11000　　G.11000—13000　　H.13000—15000

I.15000—20000　　J.20000—25000　　K.25000—30000　　L.>30000

4.您的家庭的基本生活必需品消费情况

商品名称	每月需要多少	大致在多少钱（元）	自家生产的比例	需要购买的比例
粮食				
蔬菜				
荤菜				
油				
燃料(如柴、煤等)				
烟、酒				
其他				

5.每天最少需要（　　　）元才能保证日常的起码生活,一天人均最低（　　　）元。主要是购买

_____。

当前您的家庭最大的开销是（　　　）消费? 需要（　　　）元?

A.住房　B.孩子教育　C.病人　D.其他_____

据你所知,村里最贫穷的家庭,一个月每人最低生活费在（　　　）元。

第八部分　农村教育保障情况调研

请填写您家庭孩子的情况:

		孩子1	孩子2	孩子3	孩子4	孩子5
	年龄					
	性别					
	读书或工作					
在读书的填写	在读状况?（小学,初中,高中,大学）					
	每年需要的学费开支?					
	教育费用占家庭收入的多少比例?					

		孩子 1	孩子 2	孩子 3	孩子 4	孩子 5
工作的填写	文化程度					
	多少岁参加的工作?					
	<18 岁工作的,原因? (贫穷,读不进,其他)					
	目前月工资状况?					
	是否还会回来种地?					

您是否因为孩子在读书而负债?(　　)A.是　B.否

如果您目前因孩子的教育而负债,请问已负债(　　)元?

4.您的孩子在小学及初中阶段的生活费用您的家庭是否能够负担?(　　)

A.完全可以负担　B.基本可以　C.负担不起

5.您的孩子在高中阶段的学费及生活费是否负担得起?(　　)

A.完全可以　B.基本可以

C.需要负债才能负担　D.完成无法负担

6.您的孩子在大学阶段的学费及生活费是否负担得起?(　　)

A.完全可以　B.基本可以

C.需要负债才能负担　D.完成无法负担

7.通常现在一个孩子在大学 1 年的基本费用需要 1 万元左右,这需要您的家庭大约积蓄(　　)年?

A.1 年　B.2 年　C.3 年　D.4 年　E.5 年　F.6 年

G.7 年　H.8 年　I.9 年　J.10 年　K.>10 年

8.离您的家里最近的小学有多远?(　　)

A.1—2 公里　B.2—3 公里　C.3—4 公里　D.4—5 公里　E.5—6 公里

F.6—7 公里　G.7—8 公里　H.8—9 公里　I.9—10 公里　J.10 公里以上

9.离您的家里最近的中学有多远?(　　)

A.1—2公里　B.2—3公里　C.3—4公里　D.4—5公里　E.5—6公里

F.6—7公里　G.7—8公里　H.8—9公里　I.9—10公里　J.10公里

以上

第九部分　农村失地再就业调查问卷

您的婚姻状况是:A.已婚　B.未婚　C.离婚

您提升学历的方法:A.电大　B.夜大　C.函授　D.职业培训　E.网络

教育　F.自学考试　G.其他

您是否有工作经验:A.是　B.否

你目前从事的是什么职业:A.企业职员　B.服务人员　C.务农在家

D.其他

您因何种原因在家:A.工资太低,工作时间太长工作太辛苦　B.福利待

遇不好　C.拖欠工资　D.自身职业技能不好　E.缺乏就业信息　F.不愿意

做其他工作

您失去土地最想从事什么工作:A.服务业人员　B.一般职员　C.技术

人员　D.种植经济作物　E.自己创业　F.参军　G.其他

您希望的工资收入:A.500以下　B.500—1000　C.1000以上

您的工作对家庭的影响:

A.是家庭的主要来源　B.为家庭增加一点收入　C.无影响

您愿意在本地企业工作还是在外地企业工作:

A.本地　B.外地　C.本地外地视情况而定　D.无所谓

您失去土地后的就业现状:

A.外出打工　B.失地补偿在本地做小生意　C.政府安排就业

D.自己找到固定工作　E.失业在家　F.其他

您最希望通过何种途径获得就业信息:

A.职业介绍所　B.招聘会　C.网络教育　D.电视书报

E.人才市场　F.熟人介绍　G.其他

您是否希望得到职业培训:　A.是　B.否

您希望的培训时间(　　):A.3 天　B.7 天　C.15 天　D.15 天以上

您认为合理培训费用(自己承担):A.50 元　B.100 元　C.150 元
D.其他

面对再就业压力,你认为最好的解决途径是:A.继续学习　B.考取各种
证书　C.增加工作经验　D.多参加应聘　E.其他

希望的就业安置方式:

A.发放再业补偿金　　B.政府提供职业培训

C.政府提供就业岗位　D.其他

您在本地就业环境如何:A.好　B.一般　C.不怎么样　D.不好

2007 年湖北省农民征地问题研究调查问卷

(村集体类)

调查单位:华中农业大学土地管理学院　问卷编号:

调查者:　　　　调查时间:

调查村名:　县(市)　区(乡、镇)　村(居委会)　组

I　村基本情况

1.距离中心集镇的距离_____(公里),离县级中心距离_____(公里),离地市级中心距离_____(公里),距离省会_____公里。

2.村级基本社会经济情况

年份	2002	2003	2004	2005	2006	2007
总户数(户)						
总人口(人)						
农业人口(人)						
农业劳动力(人)						
土地总面积(亩)						
耕地总面积(亩)						

3.村级历年土地(征收,征用)情况

次数	征地年份	征地方式	征地用途	征地面积							补偿标准(元/亩)				
				旱地	菜地	水田	园地	林地	坑塘养殖	其他	土地补偿	地上附着	青苗补偿	安置补助	总补偿(万元)

注:

1.征地方式为:

A.以村集体名义征用　B.用地单位与村集体直接协商租用

C.国家直接征用　　　　D.农户与用地单位直接协商 E.其他

2.征地用途分为:

A.国家市政建设　B.经济技术开发区　C.开发商品房

D.投资办厂　E.国家基础设施建设　F.不清楚

3.最近一次征地前,村集体年经济收入是_____元,主要来源是:

A.农业种植和养殖业收入_____元

B._____村办企业_____元

C.土地出租_____元　D.其他

4.2006年,村集体年经济收入达到_____元,主要来源是:

A.农业种植和养殖业收入_____元　B.村办企业_____元

C.土地出租_____元　D.其他

5.村集体经济收入与最近一次征地前相比的变化:

A.增加　B.减少　C.差不多,主要原因是:

6.最近一次征地前,村集体年经济支出_____元,主要用于:

A.集体劳动工资支出_____元　B.村公共建设和服务支出_____元

C.村养老、医疗等保障支出_____元　D.其他

7.2006 年,村集体年经济支出_____元,主要用于:

　A.集体劳动工资支出_____元　B.村公共建设和服务支出_____
__元

　C.村养老、医疗等保障支出_____元　D.其他

8.村集体经济支出与前几年(征地前)相比的变化情况:

　A.增加　B.减少　C.差不多,主要原因是:

9.村集体是否有负债?

　A.有,截至 2006 年底负债_____元　B.没有

II　征地意愿及价格意愿

1.您认为土地对农民的重要性:

A.重要 B.无所谓 C.不重要

2.土地对农民的作用:

　A.收入主要靠土地

　B.家里有土地感觉有保障,种地牢靠、保险

　C.子女可以继承

　D.被征地后可以获得补偿

　E.生活在农村,环境好、空气清新

　F.其他作用_____。

3.您认为土地被征用后,村民的家庭生活水平或状态:

A.变差了　B.变好了　C.不好不坏

4.您对当时征地补偿是否满意?

A.是 B.否

5.您认征地对村级经济的影响是:

(1)有利,原因是:_____(可以多项选择)

A.对外招商引资更具有竞争优势,能够繁荣地方经济

B.改善地方交通、通讯、教育、医疗等基础设施和公共服务条件

C.增加就业机会,提高人们生活水平

D.有利于劳动人口向外转移

E.其他_____。

（2）不利,原因是:_____（可以多项选择）

A.政府强行征地,农民与政府、开发商的矛盾时有发生

B.村农地总面积减少,农业生产活动和农业收入受到影响

C.村生态环境遭到破坏

D.村大部分农地被征收,许多农民都没有找到合适的工作

E.被征农户的收入减少,生活水平有所下降

F.其他_____

（3）很难说

6.您希望土地征收政策将来在哪些方面进行改进:_____（可以多项选择）

A.村组织能代表村民直接与地方协商谈判

B.鼓励村民参与征地谈判,如果村民不同意,征地就不能进行

C.集体土地以地入股分红的方式,能长期获得收益

D.公开公平分配征地补偿费用

E.组织被征地村民非农就业培训,增强劳动技能

F.完善被征地村民的社会保障措施,加大社会保障力度

G.其他

7.您对本村土地征用的态度:A.希望　B.不希望　C.无所谓

8.您对本地招商的信心:

A.肯定能行　B.基本能行　C.不会成功　D.很难说

9.您对本村土地征用留地安置的看法_____:

A.有必要,原因_____,应留地占征用土地的比例_____

B.无必要,原因_____,应留地占征用土地的比例_____

C.无所谓

10.您认为(主观)村组留用部分征地补偿费的用途:_____（可以多项选择）

A.用于缴纳各种社会保险的需要

B.用于村内福利事业、生活设施建设的需要

C.用于村内基础设施建设的需要

D.用于村内发展生产设施提高生产能力的需要

E.用于村内行政管理费用的需要

F.用于对原来被征地农户的经济补偿

G.吸引农户参与村级事务,增强社区意识

H.增加村级积累,发展集体经济

I.通过收入分配,增加本村农户收入水平

J.提供动物防疫、计划生育、治安、民兵等公共服务开支的需要
其他需要(自由填写)＿＿＿＿＿＿＿＿＿＿＿＿＿＿＿＿＿

11.您认为村集体获得的土地补偿金是＿＿＿＿＿＿:A.多了 B.少了 C.不多不少

12.您认为由征地带来的土地增值收益分配是否公平? A.不公平 B.公平

13.为了保障村民的生活水平在征地后不下降,同时维护村集体的土地所有权益,那么您认为可以接受的最少补偿价格每亩是多少钱?

按地类区分:(请在您认可的选项后画钩)

A.其中水田多少钱一亩? 12万以上　12万　10万　9万　8万　7万 6万　5万　4万　3.5万　3万　2.5万　2.0万　1.5万　1.0万　0.5万　0.5万以下　如果认为高于12万或者低于0.5万请自由填写价格＿＿＿＿＿＿万

B.旱地多少钱一亩? 12万以上　12万　10万　9万　8万　7万 6万　5万　4万　3.5万　3万　2.5万　2.0万　1.5万　1.0万　0.5万 0.5万以下　如果认为高于12万或者低于0.5万请自由填写价格＿＿＿＿＿万

C.菜地多少钱一亩? 12万以上　12万　10万　9万　8万　7万 6万　5万　4万　3.5万　3万　2.5万　2.0万　1.5万　1.0万　0.5

197

万 0.5 万以下 如果认为高于 12 万或者低于 0.5 万请自由填写价格_____万

D.养殖水面多少钱一亩? 12 万以上 12 万 10 万 9 万 8 万 7 万 6 万 5 万 4 万 3.5 万 3 万 2.5 万 2.0 万 1.5 万 1.0 万 0.5 万 0.5 万以下 如果认为高于 12 万或者低于 0.5 万请自由填写价格_____万

Ⅲ 村社会保障情况

1.本村被征地农民在征地后是否享有:

A.农村养老保险 B.农村合作医疗 C.城镇职工养老保险

D.城镇职工医疗保险 E.城镇职工失业保险 F.农村低保

G.其他保险 H.没有任何保险

表1 本村农民的社会保障情况调查

保障种类	补偿标准	实施年份	是否因被征地获得	全村享有人数
养老保险				
医疗保险				
最低生活保障				
再就业培训				
失业保险				
安置就业情况				

2.村集体留用补偿费的主要用途:

1)_____;

2)_____;

3)_____;

4)_____;

2. 2010 年实地调研问卷

2010 年失地农民多维福利问题调研问卷

问卷调查位置：市　区　乡　村(组) (　　)

问卷调查时间：

注明：该村、组属于：1.农村 2.集镇 3.县城 4.郊区 5.市区

调查员：

说明：您好,我们是来自武汉市华中农业大学土地管理管理学院的学生,本调查旨在调查了解被征地农民生活状态等一系列问题。调查结果只用于论文学术研究,不代表任何层级的政府或者其他企业机构。

一、受访农民以及家庭的基本特征

最近一次被征地时间_____;家庭户口人数：_____在家生活人数：_____;外出打工人数：_____

	性别	年龄	教育程度	现在职业	是否户主	是否劳力	与被访问者关系
被访问者							
家庭其他人员							
家庭其他人员							
家庭其他人员							
家庭其他人员							

土地征收面积：_____;土地征收用途：_____;剩余土地面积：_____;是否村干部：_____。

输入编码附注：

性别：1.男性;2.女性

教育程度：1.小学及以下　2.初中　3.高中或职高　4.大专　5.大学 6.硕士、博士及以上

是否主要劳力：1.是　0.否

职业：1.私营业主　2.个体经营　3.建筑业打工　4.交通运输业打工 5.制造业打工　6.服务业打工　7.零散帮工　8.民办教师　9.离退休人员 10.其他

二、健康与休闲

1.身体外四肢体是否健康？（1.是；0.否）

如果有问题是（可多选）：A.胳膊　B.腿　C.手　D.足

2.身体内器官是否健康？（1.是；0.否）

如果有问题是（可多选）：A.视力　B.心脏　C.肝　D.肺　E.糖尿病 F.高血压　G.其他

3.平均每年看病次数：A.0　B.1—2　C.3—4　D.5—10　E.10以上

4.看病花费（有、没有）大于200元/次

如果（有）请说明最高花费_____；如果（没有）平均每次看病花费：

5.休闲时间：平均每年休息_____月；或者共计_____天；

6.休闲方式（可以多选）：A.打牌　B.旅游　C.种地　D.下棋　E.其他 （可以补充）

三、住房与环境

1.房屋单层面积：_____；几层_____（考察是否有足够的居住空间）

2.房屋结构：A.木　B.土木　C.砖木　D.砖混　E.框架

3.厕所是否是自动冲水式：（1有，0没有）

4.消毒过的饮用水：（1有，0没有）

5.室内地面平整：A.土　B.水泥　C.水磨石　D.地板或瓷砖

6.室内家电、家具与装修情况：A.基本没有（只有板凳、床、吃饭桌子） B.只有简单家具　C.有梳妆台、衣柜等功能性家电与家具，但无其他装饰性

装修 D.家电家具齐全和有专业的装修

7.

噪音情况	非常严重	严重	一般	良好	非常好
	1	2	3	4	5

8.

空气质量	非常严重	严重	一般	良好	非常好
	1	2	3	4	5

9.配套设施(多选):A.公交 B.银行 C.卫生站 D.小学 E.中学 F.超市 G.邮局

10.厨房使用燃料:A.薪材 B.煤 C.煤气、沼气

四、社会参与支持

1.

知晓村中重大事件	完全不知	知道一点	大概知道	比较清楚	非常清楚
	1	2	3	4	5

2.是否有人告知征地程序:(1有,0没有)

3.是否有人询问征地意见:(1有,0没有)

4.如果是完全失去土地,是否享受到与市民相同的待遇?(1有,0没有)

5.养老方式(可多选):A.子女 B.自己 C.农村社保 D.城镇社保;大概的比例各是如何:

6.在生活中是否有人与您交谈倾听您的意见:(1有,0没有)

五、工作与就业

1.

现在工作报酬满意程度 现在每月报酬额	很不满意	不满意	一般	满意	非常满意
	1	2	3	4	5

2.

发展前景 程度	非常不好	不好	一般	还好	非常好
	1	2	3	4	5

3.

工作稳定 程度满意	很不满意	不满意	一般	满意	非常满意
	1	2	3	4	5

4.非农就业状况:A.稳定工作 B.经常更换 C.自愿失业 D.非自愿失业

5.是否安排了再就业以及再就业技能培训:(1 有,0 没有)

六、社会公平状况

1.

国家制定的补偿额度 是否公平(额度:)	很不公平	不公平	一般	比较公平	非常公平
	1	2	3	4	5

2.

耕地补偿面积的丈量是否公平 本来面积: 补偿面积:	很不公平	不公平	一般	比较公平	非常公平
	1	2	3	4	5

3.

房屋还建的面积是否公平 本来面积： 还建面积：	很不公平	不公平	一般	比较公平	非常公平
	1	2	3	4	5

4.

征地补偿款分配是否公平 （额度、比例）	很不公平	不公平	一般	比较公平	非常公平
	1	2	3	4	5

5.

子女受教育 机会是否公平	很不公平	不公平	一般	比较公平	非常公平
	1	2	3	4	5

6.

失业后再就业 机会是否公平	很不公平	不公平	一般	比较公平	非常公平
	1	2	3	4	5

7.

失业后再就业技能 培训机会是否公平	很不公平	不公平	一般	比较公平	非常公平
	1	2	3	4	5

七、家庭特征数据：收入与支出情况

1.在家每月人均花费（包括衣食住行人情往来）：_____；外出打工每月每人支出：_____

2.在家人口每月食物支出：_____（考察是否有足够的饮食）

3.在家劳力现在每月收入：_____在外打工人员每月收入：_____

4.征地后补偿的内容(可多选):A.补偿款　B.养老保障　C.最低生活保障　D.房屋安置　E.医疗保障;F.其他_____。请注明具体的各项补偿政策_____。

5.征地补偿款每亩标准额度:_____。

6.征地补偿每亩发放到手额度:_____;没有发放到手的金额如何分配的:

7.农业毛收入:_____农业生产及资料支出:_____农业纯收入占收入的比重:

八、征地后福利状态认知程度

1.

收入满意程度 多少满意:	很不满意	不满意	一般	比较满意	非常满意
	1	2	3	4	5

2.

生活保障满意程度 保障哪些方面:	很不满意	不满意	一般	比较满意	非常满意
	1	2	3	4	5

3.

被他人认可 满意程度	很不满意	不满意	一般	比较满意	非常满意
	1	2	3	4	5

4.

对休息时间的 满意程度	很不满意	不满意	一般	比较满意	非常满意
	1	2	3	4	5

5.

对个人健康的满意程度	很不满意	不满意	一般	比较满意	非常满意
	1	2	3	4	5

6.

对生活的全部状态的满意程度	很不满意	不满意	一般	比较满意	非常满意
	1	2	3	4	5

九、其他一些保障情况

对于完全没有土地的农民：

保障类型	征地后				满意度
	享有人数	自筹资金（元/月）	保障标准	享有时间	
养老保险					
医疗保险					
最低生活保障					
再就业培训					
失业保险					
住房保障					
征地后就业安置	安置就业人口数＿＿＿＿人,职业类型＿＿＿＿月薪＿＿＿＿,每年工作＿＿＿＿月 自己择业＿＿＿＿人,月薪＿＿＿＿,每年工作＿＿＿＿月 家庭失业人口数＿＿＿＿人(18岁以上,60岁以下劳动力在地被征后,打临工一年累计少于3个月) 其他就业安置方式				

对于还有部分土地的农民：

保障类型	征地后				满意度
	享有人数	自筹资金（元/月）	保障标准	享有时间	
养老保险					
医疗保险					
最低生活保障					
再就业培训					
失业保险					
住房保障					
征地后就业安置	安置就业人口数_____人,职业类型_____ 月薪_____,每年工作_____月 自己择业_____人,月薪_____,每年工作_____月 家庭失业人口数_____人(18岁以上,60岁以下劳动力在地被征后,打临工一年累计少于3个月) 其他就业安置方式				

希望的就业安置方式:

A.发放再业补偿金　　B.政府提供职业培训

C.政府提供就业岗位　　D.其他

您在本地就业环境如何:A.好　B.一般　C.不怎么样　D.不好

参考文献

一、中文文献

[1][印]阿马蒂亚·森:《以自由看待发展》,任赜、于真译,中国人民大学出版社2002年版。

[2][印]阿玛蒂亚·森:《后果评价与实践理论》,东方出版社2006年版。

[3][印]阿玛蒂亚·森:《论经济不平等和不平等再考察》,王文利、于占杰译,社会科学文献出版社2006年版。

[4]敖华:《明确农村土地所有权主体三题》,《中国流通经济》2008年第1期。

[5][古希腊]柏拉图:《理想国》,刘静译,外文出版社1998年版。

[6][英]庇古:《福利经济学》,陆民仁译,台湾银行经济研究室编1971年版。

[7]蔡银莺、张安录:《江汉平原农地保护的外部效益研究》,《长江流域资源与环境》2008年第1期。

[8]常健:《当代中国权利规范的转型》,天津人民出版社2000年版。

[9]陈利根、陈会广:《土地征用制度改革与创新:一个经济学分析框架》,《中国农村观察》2003年第6期。

[10]陈明健、阙雅文:《农地的环境保育及粮食安全效益评估》,《台湾土地金融季刊》2008年第3期。

[11]陈香玲:《德沃金资源平等理论研究》,硕士学位论文,西南大学,2008年。

[12]党国英:《土地制度对农民的剥夺》,《中国改革》2005年第7期。

[13]德沃金:《认真对待权利》,中国大百科全书出版社1998年版。

[14]丁成日:《中国征地补偿制度的经济分析及征地改革建议》,《中国土地科学》2007年第5期。

[15]董德坤、朱道林:《城乡结合部农地转用的驱动力分析——以唐山市城乡结合部为例》,《农村经济》2004年第6期。

[16]段文技、孙航飞:《构建和谐社会下的农村土地产权制度》,《农业经济问题》2006年第3期。

[17] 段岩燕、罗永泰、沙巧兰：《征地合理补偿理论实证分析——以天津市为例》，《城市发展研究》2008 年第 3 期。

[18] 高进云：《农地城市流转中农民福利变化研究》，博士学位论文，华中农业大学，2008 年。

[19] 高进云、乔荣锋、张安录：《农地城市流转前后农户福利变化的模糊评价——基于森的可行能力理论》，《管理世界》2007 年第 6 期。

[20] 高小军：《论中国农村土地产权制度改革的方向和路径》，《调研世界》2004 年第 4 期。

[21] 何强、吕光明：《福利测度方法的研究述评》，《财经问题研究》2009 年第 7 期。

[22] 黄立青、邢占军：《国外有关主观幸福感影响因素的研究》，《国外社会科学》2005 年第 3 期。

[23] 黄烈佳、张波清、张安录：《农地城市流转区位决策问题探讨》，《资源科学》2007 年第 3 期。

[24] 黄烈佳：《农地城市流转及其决策研究》，博士学位论文，华中农业大学，2006 年。

[25] 黄有光：《黄有光自选集》，山西经济出版社 2006 年版。

[26] 黄有光：《福利经济学》，中国友谊出版社 1991 年版。

[27] 黄宗煌：《现阶段农地保育的经济效益分析》，《农业金融论坛》1999 年第 3 期。

[28] 霍雅勤、蔡运龙：《耕地资源价值评价与重建》，《干旱区资源与环境》2003 年第 5 期。

[29] 贾丽虹：《对外部性概念的考察》，《华南师范大学学报》2002 年 6 月。

[30] 康雄华、张建仁、王世新等：《农村土地产权制度与有序流转研究》，中国农业出版社 2007 年版。

[31] 科斯、阿尔钦、诺斯等：《财产权利与制度变迁》，上海三联书店、上海人民出版社 1994 年版。

[32] 李开国：《我国农民集体所有建设用地使用权制度改进论》，《西南民族大学学报（人文社科版）》2008 年第 3 期。

[33] 李平、徐孝白：《征地制度改革：实地调查与改革建议》，《中国农村观察》2004 年第 6 期。

[34] 刘慧芳：《论我国农地地价的构成与量化》，《中国土地科学》2000 年第 1 期。

[35] 刘荣材：《关于我国农村土地产权制度改革与创新的探讨》，《经济体制改革》2007 年第 7 期。

[36] 刘翔宇：《试论我国农村集体土地所有权制度的重构》，《法制与社会》2009 年

第 6 期。

[37]刘燕萍:《征地制度创新与合理补偿标准的确定》,《中国土地》2002 年第 2 期。

[38]刘永湘、杨继瑞、杨明洪:《农村土地所有权价格与征地制度改革》,《中国软科学》2004 年第 4 期。

[39]刘友芝:《论负外部性内在化的一般途径》,《经济评论》2001 年第 3 期。

[40]刘正山:《涨价收益应该归谁?——与周诚先生再商榷》,《中国土地》2005 年第 8 期。

[41]卢海元:《被征地农民安置与社会保障的政策选择和制度安排》,《国土资源》2007 年第 1 期。

[42]卢梭:《社会契约论》,商务印书馆 1987 年版。

[43]陆红生、韩桐魁:《关于土地征用制度改革若干问题的思考》,《华中农业大学学报(社会科学版)》2003 年第 1 期。

[44]吕彦彬、王富河:《落后地区土地征用利益分配——以 B 县为例》,《中国农村经济》2004 年第 2 期。

[45]罗丹、严瑞珍、陈洁:《不同农村土地非农化模式的利益分配机制比较研究》,《管理世界》2004 年第 9 期。

[46]毛泓、杨钢桥:《试论土地利益分配》,《中南财经大学学报》2002 年第 2 期。

[47]梅东海:《社会转型期的中国农民土地意识——浙、鄂、渝三地调查报告》,《中国农村观察》2007 年第 1 期。

[48]闵捷、高魏、李晓云、张安录:《农地城市流转微观特征分析——武汉市城郊区的问卷调查》,《中国农村经济》2007 年 1 月。

[49]莫于川:《宽容看待农村土地流转新模式探索》,《法制日报》2007 年 7 月 4 日。

[50]聂鑫、汪晗、张安录:《基于公平思想的失地农民福利补偿——以江汉平原 4 城市为例》,《中国土地科学》2010 年第 6 期。

[51]聂鑫、汪晗、张安录:《微观福利视角下的库区移民搬迁意愿调查》,《中国人口、资源与环境》2010 年第 6 期。

[52]聂鑫、张安录:《农地非农化过程中农民福利变化实证研究——基于湖北仙桃的调查》,《国土资源科技管理》2008 年第 5 期。

[53]聂鑫等:《失地农民安置补偿制度建设的实践和思考——基于湖北仙桃调查的分析》,《陕西农业科学》,2008 年第 4 期。

[54]彭慧蓉:《论土地社会保障职能及对农地流转的负面影响》,《经济师》2005 年第 3 期。

[55]彭开丽:《农地城市流转的社会福利效应》,博士学位论文,华中农业大学,2009 年。

[56]钱忠好:《中国农地保护:理论与政策分析》,《管理世界》2003 年第 10 期。

[57]钱忠好:《中国农地保护政策的理性反思》,《中国土地科学》2003年第5期。

[58][英]乔纳森·沃尔夫:《政治哲学导论》,王天成、张颖译,黑龙江人民出版社1999年版。

[59]邱皓政、林碧芳:《结构方程模型的原理与应用》,中国轻工业出版社2009年版。

[60]曲福田等:《农地非农化经济驱动机制的理论分析与实证研究》,《自然资源学报》2005年第2期。

[61]曲福田等:《土地价格及分配关系与农地非农化经济机制研究——以经济发达地区为例》,《中国农村经济》2001年第12期。

[62]荣泰生:《AMOS与研究方法》,重庆大学出版社2009年版。

[63]沈飞等:《政府制度性寻租实证研究——以中国土地征用制度为例》,《中国土地科学》2004年第18期。

[64]沈开举等:《我国城市房屋拆迁问题的宪政思考》,《郑州大学学报》2005年第2期。

[65]沈开举:《论行政补偿的标准》,《河南社会科学》2005年第1期。

[66]税杰雄:《试析我国农村土地产权制度的缺陷》,《农村经济》2005年第9期。

[67]宋敏等:《湖北省农地资源正外部性价值量估算——基于对农地社会与生态之功能和价值分类的分析》,《长江流域资源与环境》2009年第4期。

[68]宋敏等:《农地城市流转中的不确定性与不可逆性探讨》,《资源科学》2009年第31期。

[69]宋振湖等:《农村土地产权制度分析》,《中国农村观察》2005年第3期。

[70]孙海兵等:《农地外部效益保护研究》,《中国土地科学》2006年第9期。

[71]孙海林等:《西安市阎良区失地农民征地补偿安置问题研究》,硕士学位论文,西安建筑科技大学,2010年。

[72]谭荣:《农地非农化的效率:资源配置、治理结构与制度环境》,博士学位论文,南京农业大学,2008年。

[73]田传浩等:《农地制度、地权稳定性与农地使用权市场发育:理论与来自苏浙鲁的经验》,《经济研究》2004年第1期。

[74]田清旺等:《关于庇古与科斯外部性校正理论初探》,《国家行政学院学报》2005年第2期。

[75]汪峰:《农地价值评估及其社会保障功能研究》,硕士学位论文,浙江大学,2001年。

[76]汪晖等:《公共利益、征地范围与公平补偿——从两个土地投机案例谈起》,《经济学(季刊)》2004年第4期。

[77]汪晖等:《城乡结合部的土地征用:征用权与征地补偿》,《中国农村经济》2002

年第 2 期。

[78]王环:《我国农村土地产权制度存在的问题与改革策略》,《农业经济问题》2005 年第 7 期。

[79]王茂福:《水利工程的农村移民的福利研究》,博士学位论文,华中科技大学,2005 年。

[80]王瑞雪等:《现行征地补偿标准不合理性分析——基于资源环境经济学视角》,《中国土地科学》2007 年第 6 期。

[81]王瑞雪:《关于社会保障价格法若干理论问题的思考——基于征地补偿测算方法的分析评价》,《调研世界》2008 年第 11 期。

[82]王小映:《土地征收公正补偿与市场开放》,《中国农村观察》2007 年第 5 期。

[83]魏权龄、刘起运等:《数量经济学》,中国人民大学出版社 2007 年版。

[84]吴克宁等:《中国农村土地产权制度改革探讨》,《中国土地科学》2005 年第 8 期。

[85]吴明隆:《结构方程模型——AMOS 的操作与应用》,重庆大学出版社 2009 年版。

[86]萧景楷:《农地环境保育效益之评价》,《水土保持研究》1999 年第 3 期。

[87]肖屹等:《交易费用,产权公共域与农地征用中农民土地权益侵害》,《农业经济问题》2005 年第 9 期。

[88]徐桂华等:《外部性理论的演变与发展》,《社会科学》2004 年第 3 期。

[89]徐莉:《我国现行农村土地产权制度的缺陷》,《农村经济》2004 年第 11 期。

[90][古希腊]亚里士多德:《政治学》,吴寿彭译,商务印书馆 1965 年版。

[91]阳雪雅:《农村土地所有权主体的构建》,《湖北社会科学》2008 年第 5 期。

[92]杨纯新等:《关于失地农民养老保险的调查分析》,《当代经济管理科学》2009 年第 1 期。

[93]杨雪等:《基于公平性的征地补偿方案研究》,《中国土地科学》2008 年第 3 期。

[94]姚从容:《论人口城乡迁移与农村土地产权制度变迁》,《人口与经济》2003 年第 3 期。

[95]姚明霞:《西方福利经济学理论》,博士学位论文,中国人民大学,2001 年。

[96]余伟京等:《论农村集体土地所有权及农村国有土地使用权的虚位——农村土地资源可持续利用的产权基础理论探究》,《中国法学会环境资源法学研究会年会论文集》,2004 年。

[97][美]约翰·罗尔斯:《正义论》,何怀宏等译,中国社会科学出版社 1988 年版。

[98]臧俊梅等:《农地非农化中土地增值分配与失地农民权益保障研究——基于农地发展权视角的分析》,《农业经济问题》2008 年第 2 期。

[99]张安录等:《农地城市流转途径、方式及特征》,《地理学与国土研究》2000 年

第 2 期。

[100]张寿正:《关于城市化过程中农民失地问题的思考》,《中国农村经济》2004年第 2 期。

[101]张五常:《经济解释》,商务印书馆 2000 年版。

[102]张正河等:《论农村生产要素的准城市化》,《农业经济问题》2001 年第 7 期。

[103]赵奉军等:《我国农村土地征用制度改革的三种模式》,《山东经济战略研究》2004 年第 9 期。

[104]赵海林:《论农村土地产权制度对农村社会保障制度的影响》,《农村经济》2005 年第 1 期。

[105]赵继新:《失地农民补偿模式评价及机制研究》,《商业研究》2009 年第 12 期。

[106]赵锡斌:《城市化进程中失地农民利益保障问题研究》,《中国软科学》2003年第 8 期。

[107]郑宝华:《我国农村土地产权制度的经济学思考》,《云南社会科学》1998 年第 2 期。

[108]周诚:《"涨价归公"还是"涨价归农"》,《中国改革》2006 年第 1 期。

[109]周诚:《农地转非自然增值公平分配论——由"涨价归公""涨价归私"到"私公兼顾"》,《经济动态》2006 年第 11 期。

[110]周诚:《我国农地转非自然增值分配的"私公兼顾"论》,《中国发展观察》2006年第 9 期。

[111]周其仁:《农地产权与征地制度——中国城市化面临的重大选择》,《经济学(季刊)》2004 年第 4 期。

[112]诸培新:《农地非农化配置:公平、效率与公共福利——基于江苏省南京市的实证分析》,博士学位论文,南京农业大学,2006 年。

[113]邹晓云、张晓玲、柴志春:《征地补偿测算方法研讨会综述》,《中国土地科学》2004 年第 3 期。

二、英文文献

[1]Alkire,S.Valuing Freedoms, *Sen's Capability Approach and Poverty Reduction*, New York:Oxford University Press,2002.

[2]Ambuj,D.S.and A.Najam, "Survey The human Development Index:A Critical Review", *Ecological Economics*, Vol. 25, No. 1, January 1998.

[3]Anand,P.and V.H.Martin, "Capabilities and Achievements:An Empirical Study", *The Journal of Socio-Economics*, Vol. 35, No. 2, February 2006.

[4]Arrow,K.J., "A Difficulty in the Concept of Social Welfare", *Journal of Political Economy*, Vol. 58, No. 4, August 1950.

［5］Arrow, K.J., *Social Choice and Individual Values*, Cambridge, Massachusetts: Yale University Press, 1963.

［6］Asghar, Z. and Burchardt, T., "Comparing Incomes When Needs Differ: Equivalization for the Extra cost of Disability in the U.K", *Review of Income and Wealth*, Vol. 51, No. 1, July 2005.

［7］Atkinson, A.B., "On the Measurement of the Inequality", *Journal of Economic theory*, Vol. 2, No. 3, September 1970.

［8］Atkinson, A.B. and B.Francois, *Handbook of Income Distribution*, Amsterdam, New York: Elvisier Press, 2000.

［9］Berenger, V., "Multidimensional Measures of Well-Being: Standard of Living and Quality of Life across Countries", *World Development*, Vol. 35, No. 7, July 2007.

［10］Blume, L.and D.L.Rubinfeld, "Compensation for Takings: AnEeconomic Analysis", *California Law Review*, Vol. 72, No. 4, June 1984.

［11］Boadway, R.W.and N.Bruce, *Welfare Economics*, In Blackwell B.ed, London: Oxford Press, 1984.

［12］Bryant, C.R., L.H.Russwurm and A.G.McLellan, *The City's Countryside: Land and Its Management in the Rural-Urban Fringe*, London and New York: Longman Press, 1982.

［13］Buchanan, J.M., "*Liberty Market and the State: Political Economy in the 1980s*", Brighton: Harvester Press, 1986.

［14］Buchanan, J.M.and W.Stubblebine, "Externality", *Economica*, Vol. 29, No. 1, November 1962.

［15］Burns, M.E., "A Note on the Concept and Measure of Consumer's Surplus", *American Economic Review*, Vol. 63, No. 1, June 1973.

［16］Ckerman, F., *Human Well-being and Economic Goals*, In Frank, ed.Frontier Issues in Economic Thought, Washington, D.C: Island Press, 1997.

［17］Coughlin, R.M., *Ideology, Public Opinion, & Welfare Policy: Attitudes Toward Taxes and Spending in Industrialized Societies*, US: Institute of International Studies, University of California, 1980.

［18］Dalton, H., "The Measurement of the Inequality of Incomes", *Economic Journal*, Vol. 30, No. 5, September 1920.

［19］Daly, H.E. and J.B.Cobb, *For the Common Good: Redirecting the Economy Toward Community, the Environment and A Sustainable Future*, Boston: Beacon Press, 1989.

［20］Daniel, J.P., "Estiating Spatially and Temporally Explicit Land Conversion Models Using Discrete Duration", *Department of Agricultural and Resource Economics*, Vol. 3, No. 15, May 1999.

［21］Dixit, A. and R. Pindyck, *Investment Under Uncertainty*, Princeton, NJ: Princeton University Press, 1994.

［22］Dworkin, R., *Sovereign Virtue*, Cambridge, Massachusetts: Harvard University Press, 2000.

［23］Dworkin, R., What is Equality? Part1: Equality of Welfare and What is Equality? Part2: Equality of Resources, *Philosophy and Public Affairs*, Vol. 10, No. 3, Autumn 1981.

［24］Edwards, A. L., *The Social Desirability Variable in Personality Assessment and Research*, US: Dryden Press, 1957.

［25］Enrica, C. M., "A Multi dimensional Assessment of Well-being Based on Sen's Functioning Theory", *Revista Internazionale di Scienza Soziali*, Vol. 58, No. 2, Autumn 2000.

［26］Enrica, C. M., "*Complexity and Vagueness in the Capability Approach: Strength or Weakness?*" Mimeo University of Pavia, 2004.

［27］Frolich and Oppenheimer, *Choosing Justice: An Experimental Approach to Ethical Theory*, London: University of California Press, 1992.

［28］Furuseth, O.J., *Contested Countryside: The Rural – Urban Fringe in North America*, US: Ashgate, 1999.

［29］Grasso Marco, "A Dynamic Operationalization of Sen's Capability Approach", *Paper Prepared for the 14th Conference of the Italian Society for Public Economics SIEP – Pavia*, Vol. 3, No. 4, October 2002.

［30］Hanemann, M., J. Loomis, and B. Kanninen, "Statistical Efficiency of Double-Bounded Dichotomous Choice Contingent Valuation", *American Journal of Agricultural Economics*, Vol. 73, No. 4, November 1991.

［31］Harrod, R.F., *Towards a Dynamic Economics*, London: Macmillan Press, 1984.

［32］Harsnyi, J. C., "Utilities, Preferences, and Substantive Good", *Social Choice and Welfare*, Vol. 14, No. 4, July 1997.

［33］Hause, J.C., "The Theory of Welfare Cost Measurement", *Journal of Political Economy*, Vol. 83 No. 6, December 1975.

［34］Hicks, J.R., "The Four Consumers Surplus", *Review of Economic Studies*, Vol. 11, No. 2, December 1943.

［35］Hicks, J. R., "The Valuation of Social Income", *Economic New Series*, Vol. 7, No. 26, May 1940.

［36］James, O. B., "Dynamics of Land-use Change in North Alabama: Implications of New Residential Development", *Southern Agricultural Economics Association*, Vol. 4, No. 1, February 2007.

［37］Kahneman, D. and A. B., Krueger, "A Survey Method for Characterizing Daily Life

Experience：the Day Reconstruction Method（DRM）"，*Science*，Vol. 306，No. 1，December 2004.

［38］Kahneman，D. and J. L. kntsch and R. H. Thaler，"The Endowment Effect Loss Aversion and Status Quo Bias"，*Journal of Economics Perspectives*，Vol. 5，No. 1，Winter 1991.

［39］Kahneman，D.and A.B.，Krueger，"Developments in the Measurement of Subjective Well-being."*Journal of Economic Perspectives* ，Vol. 20，No. 1，November 2006.

［40］Kaldor N.，"Welfare Propositions of Economics and Interpersonal Comparison of U-tility"，*Economic Journal*，Vol. 49，No. 1，September 1939.

［41］Kaplowitz，M. P.，"Planners，Experiences in Managing Growth using Transferable Development Rights（TDR）in the United States"，*Land Use Policy*，Vol. 25，No. 3，July 2008.

［42］Kevin，O.，"Recognizing Gender，Redistributing Labor."，*Social Politics：International Studies in Gender*，*State & Society*，Vol. 9，No. 3，2002.

［43］Kuklys，W.& Robeyns，I.，"Sen's Capability Approach to Welfare Economics，" Cambridge Working Papers in Economics0415，Faculty of Economics，University of Cambridge. 2004.

［44］Kuklys，W.，*Amartya Sen's Capability Approach：Theoretical Insights and Empirical Applications*，Berlin：Springer Verlag Press，2005.

［45］Kuklys，W.，*Amartya Sen's Capability Apprtique of Welfare Economics*，London：Oxford University Press，2002.

［46］Lawrence，W.L.*Rural Land Use Problems and Policy Options：Overview from a U.S. Perspective*，New York：Routledge，2005.

［47］Lelli，S.，*Factor Analysis vs. Fuzzy Sets Theory：Assessing the Influence of Different Techniques on Sen's Functioning Approach*，Center of Economic Studies Discussion Paper，Katholieke Universiteit Leuven，November 2001.

［48］Little，L.M.D.，*A Cri*emp，M.C and Y.K.Ng，"On the Existence of Social Welfare Functions，Social Orderings and Social Decisions Functions"，*Economica*，Vol. 43，No. 169，February 1976.

［49］Maasoumi，E.and Slottje，D.，"Clusters of Attributes and Well-Being in the USA."，*Journal of Applied Econometrics*，Vol. 16，No. 3，June 2001.

［50］Marshall. A.，Principles of Economics：Unabridged Eighth Edition.，Cosimo Classics，1920.

［51］Mcconnell，K.E.，"Consumer Surplus from Discrete Choice Models."，*Journal of Environmental Economics and Management*，Vol. 29，No. 3，November 1995.

［52］Mozaffar，Q.and Clark，D.，"The Capability Approach and Fuzzy Poverty Measures：an Application to the South African Context."，*Social Indicators Research*，Vol. 74，No. 1，October 2005.

［53］Ng,Y.K.,"Towards a Theory of Third Best.",*Public Finance*,Vol. 32,No. 1,1977.

［54］Ng, Y. K., "Quasi-Pareto Social improvements.",*American Economic Review*,Vol. 74,No. 5.

［55］Ng,Y.K.,"Towards Welfare Biology:Evolutionary Economics of Animal Consciousness and Suffering.",*Journal Biology and Philosophy*,Vol. 10,No. 3,July 1995.

［56］Ng, Y. K., "A Note on Profit Maximization.",*Australian Economic Paper*,Vol. 8, No. 12,June 1969.

［57］Ng,Y.K.,"Bentham or Bergson? Finite sensibility,utility functions,and social welfare functions.",*Review of Economic Studies*,Vol. 42,No. 4,October 1975.

［58］Ng, Y. K., "Non-economic Activities, Indirect Externalities, and Third Best Policies.",*Kyklos*, Vol. 28,No. 3,August 1975.

［59］Ng,Y.K.,"Utility,Informed Preference,or Happiness",*Social Choice and Welfare*, Vol. 16,No. 2,February 1999.

［60］Nussbaum,M.,"Capabilities as fundamental entitlements:Sen and Social Justice.", *Feminist Economics*,Vol. 9,No. 2-3,January 2003.

［61］Nussbaum, M., *Women and Human Development: the Capabilities Approach*, Cambridge:Cambridge University Press,Vol. 3,2000.

［62］Panzer, E. A. and Schmeidler, D., "Egalitarian Equivalent Allocations: A New Concept of Economic Equity.",*Quarterly journal of Economies*,Vol. 92,No. 4,1978.

［63］Phillips, A., "Defending Equality of Outcome.", *The Journal of Political Philosophy*,Vol. 12,No. 1,March 2004.

［64］Phipps,S.,"The Well-being of Young Canadian Children in International Perspective: A Functioning's Approach.", *Review of Income and Wealth*, Vol. 48, No. 4, December 2002.

［65］Ramsey, F.P., "A Mathematical Theory of Saving.", *Economic Journal*, Vol. 38, No. 152,December 1928.

［66］Rawls,J.,*A Theory of Justice*,Cambridge:Harvard University Press,1975.

［67］Rawls,J.,"Justice as Fairness:Political Not Metaphysical.",*Philosophy and Public Affairs*,Vol. 14,No. 3,1985.

［68］Rawls, J., "Priority of Right and Ideals of the Good.", *Philosophy and Public Affairs*,Vol. 17,No. 4,1988.

［69］Robbins,L.,*An Essay on The Nature and Significance of Economic Science*,London: The Macmillan Press Limited,1984.

［70］Robeyns,I.,"Selecting Capabilities for Quality of Life Measurement.",*Social Indi-*

cators Research Vol. 74, No. 1, October 2005.

[71] Robeyns, I., "The Capability Approach in Practice", *The Journal of Political Philosophy*, Vol. 14, No. 1, September 2006.

[72] Robeyns, I., "The Capability Approach: A Theoretical Survey", *Journal of Human Development*, Vol. 6, No. 1, 2005.

[73] Sagar, A.D. and A.Najam, "The Human Development Index. A Critical Review", *Ecological Economics*, Vol. 25, No. 3, June 1998.

[74] Samuelson. P., *Foundation of Economic Analysis*, Cambridge: Harvard University Press, 1947.

[75] Schokkaert E. and L.Van-Ootegem, "Sen's concept of the living standard applied to the Belgian unemployed", *Recherches economiques de Louvain*, Vol. 56, 1990.

[76] Schokkaert, E., "The Capabilities Approach", *CES-Discussion paper series DPS*, Vol. 7, No. 34, 2007.

[77] Scitovsky, T., "A note on Welfare Propositions in Economics", *Review of Economic Studies*, Vol. 11, No. 1, 1941.

[78] Sen, A. K. Collective Choice and Social Welfare. Elsevier Science Pub Co Press, 1995.

[79] Sen, A.K., "Development: Which Way Now?", *Economic Journal*, Vol. 93, No. 372, December 1983.

[80] Sen, A.K. and Foster, J.E, *On Economic Inequality*. Oxford University Press, 1997.

[81] Sen, A. K., "Freedom of Choice: Concept and Content.", *European Economic Review*, Vol. 32, 1988.

[82] Sen, A.K., "Welfare, Preference and Freedom", *Journal of Econometrics*, Vol. 50, No. 1-2, October 1991.

[83] Sen. A. K., "Well-being, Agency and Freedom: The Dewey Lectures", *Journal of Philosophy*, Vol. 82, No. 4, April 1984.

[84] Stephan, K., "Measuring Poverty and Deprivation in South-Africa", *Review of Income and Wealth*, Vol. 46, No. 1, March 2000.

[85] Theil, H., *Economics and Information Theory*, Amsterdam: North-Holland, Vol. 7, 1967.

[86] Thomas, R.J., Fisher, M.J, Ayarza, M.A, Sanz, J.I, *The role of forage grasses and legumes in maintaining the productivity of acid soils in Latin America*, Florida: CRC press, 1995.

[87] Williamson O. E., "The New Institutional Economics: Taking Stock, Looking Ahead", *Journal of Economic Literature*, Vol. 38, No. 3, September 2000.

［88］Willing, R., "Consumer's Surplus without Apology", *American Economic Review*, Vol. 66, No. 4, September 1976.

［89］Zaidi, A. and T. Burchardt, "Comparing Incomes when Needs Differ: Equivalization for the Extra cost of Disability in the U. K.", *Review of Income and Wealth*, Vol. 51, No. 1, March 2005.

后　记

今天,在我的书稿即将付梓之际,在梦想即将实现的时刻,万般滋味涌上心头,但是此时最想表达的是心中无限的感激。本书是在我的博士论文基础上修改完成的,因此特别感谢在我攻读博士学位期间曾经给予大力支持和无私帮助的良师、亲人和益友们。

特别感谢我的导师华中农业大学公共管理学院博士生导师张安录教授,论文是在张老师的悉心指导下完成的,从论文的选题、研究的思路、论证的展开到最终论文的脱稿,都凝聚着导师的心血。他严谨的治学态度和勤恳的作风,深深地影响着我,并将伴随着我未来的学术生涯。还要感谢华中农业大学土地管理学院的韩桐魁教授、陆红生教授、杨钢桥教授、董捷教授、王秀兰教授、陈银蓉教授、黄朝禧教授等,他们在论文的开题、中期考核和论文的答辩过程中提出了很多宝贵的意见,在此表示衷心的感谢。此外还需要感谢蔡银莺副教授、彭开丽副教授、胡伟艳副教授、闵敏老师、严丹老师在我博士学习期间为我的论文提出了诸多有益的建议。

为了获得第一手调查数据,论文组织了多次调查。从预调查到最后大规模的调查,问卷讨论了十次,并进行修改。在调查过程中我们冒严寒顶酷暑,遇到不配合的调查,还要想尽办法使得农民尽量配合,在此还要感谢刘适、王昂扬、高文辉、余咪咪、王彦佳等二十余位土地资源管理专业07级本科师弟师妹的调查配合。同时感谢师兄师姐以及同窗好友,高进云博士、乔荣锋博士、张鹏博士、陈莹博士、宋敏博士、任艳胜博士、王雨蒙博士、王派博士、穆向丽博士、赵可博士、徐唐奇博士、马爱慧博士、胡动刚博士、苏向学博士、魏玲博士、吴乐博士、邹文涛博士、李波博士、杨俊博士、李争博士、魏丹博士、王薇薇博士等。他们陪伴了我五年,是我学习和生活的好伙伴。感谢师弟师妹,崔新蕾博士、张雄博士、陈竹博士、鞠登平硕士、王珊博士、钟海玥博士、张孝宇硕士、黄潋硕士、周琰硕士、彭澎硕士、张志硕士、柯鹏钦硕士、张望硕士、牛晓莉硕士、徐筱硕士、杨欣硕士、王颖君硕士等,在这里就不一一列举,同窗之谊、师门之情没齿不忘。

父亲和母亲是我人生的老师和榜样。正是由于他们的以身作则和潜移默化,攻读博士学位、成为一名教师是我长久以来的夙愿,也是我家人的希望。因此,我要深深感谢我的父亲和母亲,他们含辛茹苦地养育我,默默无私地支持我,是他们的殷殷期盼激励着我不断进取。没有他们无私的爱,我是不能完成多年以来的学业的。还需要提到的是,我的爱人汪晗,无论是在生活中还是学习上,她都尽其所能给予了我帮助和关心。但愿本书的完成,能带给他们一些小小的慰藉。

我的博士论文顺利出版,还要感谢人民出版社武丛伟编辑,她专业、细致、认真、热情的工作态度是文稿得以顺利出版的有力保障。作为广西大学公共管理学院青年教师,工作伊始,学院院长谢舜教授就积极支持并帮助我联系高水平出版社将博士论文付诸出版,他对年轻人的帮助使得学院青年老师可以在教学科研道路上走得更远和更好。此外,我的研究生肖婷、缪文慧、李丹丹、陈昭通,在书稿的后期校对中也给予我良多帮助。

由于本人学识有限,使得本书对一些问题的研究未能达到一定的深度和广度,在今后的学习和工作中,我将不遗余力地勇往直前。

聂 鑫

2014 年 5 月

责任编辑:武丛伟

封面设计:汪　莹

责任校对:吕　飞

图书在版编目(CIP)数据

农地城市流转中失地农民福利问题研究/聂　鑫 著.
　-北京:人民出版社,2014.9
ISBN 978－7－01－013685－1

Ⅰ.①农…　Ⅱ.①聂…　Ⅲ.①农民-福利制度-研究-中国　Ⅳ.①F323.89

中国版本图书馆 CIP 数据核字(2014)第 140329 号

农地城市流转中失地农民福利问题研究

NONGDI CHENGSHI LIUZHUAN ZHONG SHIDI NONGMIN FULI WENTI YANJIU

聂　鑫　著

人民出版社 出版发行

(100706　北京市东城区隆福寺街 99 号)

北京市文林印务有限公司　新华书店经销

2014 年 9 月第 1 版　2014 年 9 月北京第 1 次印刷
开本:710 毫米×1000 毫米 1/16　印张:14.5
字数:210 千字

ISBN 978－7－01－013685－1　定价:34.00 元

邮购地址 100706　北京市东城区隆福寺街 99 号
人民东方图书销售中心　电话 (010)65250042　65289539